O NÃO-DITO DAS EMOÇÕES

Claude Olievenstein

O Não-Dito das Emoções

Tradução:
Angela Melim

Jorge Zahar Editor
Rio de Janeiro

Título original:
Le non-dit des émotions

Tradução autorizada da primeira edição francesa
publicada por Éditions Odile Jacob, de Paris, França.

Jorge Zahar Editor Ltda.
rua México 31 sobreloja
20031 Rio de Janeiro, RJ

Capa: João da França

Impressão: Tavares e Tristão Ltda.

ISBN: 2-7381-0034-1 (ed. orig.)

ISBN: 85-7110-085-3 (JZE, RJ)

SUMÁRIO

ADVERTÊNCIA

Dizer o indizível, a isso está ligada a arte, em particular, nesse ponto fiel ao paradoxo fundador de linguagem, que é encontrar a palavra para a coisa.

Mas dizer o não-dito é encontrar a palavra para a palavra, o discurso audível no lugar daquele que se deve calar, o solilóquio íntimo que cada um de nós experimenta cotidianamente e graças ao qual, muitas vezes, se toleram os compromissos com a existência que permitem viver.

Este ensaio pretende traçar o mapa dessa *terra incógnita* que estende seu domínio soberano entre o reprimido e o declarado, entre os males que as pessoas dissimulam para si mesmas e as palavras com que dissimulamos diante dos outros.

Tal não é um empreendimento fácil, ameaçado pelo risco duplo da banalidade — formalizar a evidência íntima — e da aproximação — simplificar a experiência interior. Merecia, porém, ser levado a cabo, tão essenciais são as funções do não-dito e significativas suas atuais metamorfoses.

O leitor a quem os enunciados gerais entediam lerá em primeiro lugar os elementos de uma fenomenologia do não-dito através dos sentimentos, das práticas e das técnicas que nos pareceram as mais representativas e só depois virá à introdução. Desse modo, terá abordado este livro como Jules Renard sonhava que fizessem com os dele, relendo-o antes de o ler.

INTRODUÇÃO

Em Fortaleza, no Brasil, aquele que, à noite, aparecia como pai-de-santo, tornava a ser, pela manhã, um honrado estudante de filosofia. Espírito índio, travesti, mestre da cerimônia da umbanda, sob suas diferentes hipóteses, ele era alternadamente possuidor e possuído, como eram meus próprios companheiros, psiquiatras de renome formados na universidade francesa, apesar do ceticismo que apregoavam.

No meio segredo dessa cerimônia se exprimia o não-dito que atravessa a sociedade brasileira: o medo do desejo misto de ser outra vez escravo, a ambição de viver esse medo e esse desejo, e de exorcizá-los ao mesmo tempo, por meio de um rito. Lembrei-me então de que, na Normandia, amigos me haviam falado, sob o selo do segredo, do Grande e do Pequeno Alberto, exorcismo destinado aos "possuídos".

A "possessão" — no sentido demoníaco — não está assim tão distante do sexual: ela é o prazer, mas o prazer forçado, o prazer apesar de si, do qual nada se quer ouvir, que é proibido e censurado, e ao qual as pessoas não consentem abandonar-se a não ser porque ele lhes é imposto de dentro, por uma força maléfica e superior. A "possessão" é a ocasião de realizar aquilo que a ordem do mundo proíbe — em especial a fusão dos sexos — para proteger seus fundamentos.

A "possessão" não permite que se veja aquilo que é temido no inconsciente do sujeito freudiano ou do coletivo junguiano. O não-dito que aí circula é, ao contrário, aquilo que emerge e é conscientemente censurado como inconveniente, inaceitável, ou aceitável somente no contexto limitado, no tempo e no espaço, de uma ritualização, onde tudo é provisoriamente permitido, como no carnaval brasileiro. O não-dito é o que vem ao imaginário do sujeito de tal maneira que ele sabe que o imaginário do outro sabe, mas que a lei do outro não pode aceitar saber abertamente.

A delimitação do domínio desse não-dito não é fácil nem definitiva. Suas fronteiras com o recalque inconsciente, de um lado, não são estanques — de um a outro existem passagens flutuantes e caóticas — a separação daquilo que é dizível, por outro lado, varia conforme a evolução das tolerâncias sociais: assim, as sociedades ocidentais hoje, divididas entre a preocupação de assegurar a reprodução sexual e a preocupação contraditória de desenvolver a produção mercantil e portanto autorizar um consumo sem fim, legitimar o consumo por todos os ângulos como valor, aí incluído o consumo do prazer, deixam à homossexualidade uma margem maior de liberdade.

A análise do não-dito não é, absolutamente, mais fácil. Pois o que conta, no não-dito, é menos sua causalidade que sua intensidade, seu clima, sua atmosfera, sua melodia, a espessura do vivido, todas essas coisas rebeldes a um tirar a limpo "científico", reducionista por natureza. Uma tal abordagem poderia, com efeito, explicar o fenômeno, mas não saberia dar conta de sua eficácia.

É verdade que alguma coisa desse não-dito se exprime pelo rito e pelo estilo. A religião e a arte permitem reconhecê-lo, admiti-lo numa certa medida, transfigurá-lo em palavras ou em atos, arbitrar assim entre o fato e a censura, realizar o irracional de outra maneira que não a loucura. O estilo e o rito são válvulas de segurança quando o proibido é por demais pesado e reflexo das mutações que reuniram sob seu nome um consenso. O horrível em Bosch, o bestiário terrível das igrejas romanas de Saintonge, as esculturas andróginas dos templos sul-indianos, as atuais fotografias de nus são portanto testemunhos dessa função da arte, dessa vocação de dizer o não-dito para tornar mais leve a carga ou exprimir sua legitimidade, quando ele deixou de ser proibido e ficou asséptico. Mas o ritual e o estilizado não bastam. Matam algo da emoção selvagem, mediatizam a indisciplina, banalizam a violência, trocam a intensidade do indizível pela intensidade menor do visível.

Ainda mais hoje, quando a "civilização" amplia a cada dia o seu império, agravando por isso mesmo a violência selvagem, onde ela consegue sobreviver. A inspeção minuciosa do campo social pelas ciências humanas, da intimidade pela psicanálise, da ordem natural pelas ciências exatas engendra em contrapartida efeitos perversos, dos quais são signos, entre outros, o aumento das doenças mentais ou as explosões de violência coletiva. Geneticamente programado, fecundado *in vitro,* analisado cientificamente, dissecado sociologicamente, o homem reencontra na reestruturação não censurada de seu desejo um direito à diferença que ele perde pouco a pouco em todas as outras áreas. As relações de intensidade, que escapam às leituras da causalidade, transformam-se no território próprio de cada um.

É preciso quase voltar a uma determinada leitura de Darwin, quando ele fala das "possibilidades, e até mesmo probabilidade, das variações de instintos hereditários" nas espécies animais não domesticadas, e ver no homem uma espécie em vias de total domesticação que reencontra hoje essas variações como indispensáveis à sua sobrevivência. Nessa releitura sugerida, de algum modo é a noção de obrigação que se deve guardar: como era obrigatório para os escravos índios do Brasil continuar a adorar os elementos naturais para não enlouquecer; para os escravos negros, designar o "rei do Congo", para não ver seu ser sucumbir; para o senhor branco, permitir, sob pena de tornar inútil o sistema estabelecido. Mas, acima de tudo, como vem a ser essencial para os mestiços, bastardos, ainda que oficialmente católicos, participar dessas cerimônias, sob pena de não-existência ou, mais uma vez, de dissociação psíquica: o não-dito do medo atroz de voltar a ser escravo disputando com o desejo secreto de sê-lo outra vez, não se podendo equilibrar tal situação a não ser através de um enrijecimento paranóico, que busca ocultar o medo de se desnudar pelo outro, o senhor hoje sem poder, mas que por meio desse simples olhar pode possuir outra vez. Ritualizar essas situações, e acima de tudo substituí-las umas pelas outras no decorrer das próprias cerimônias e, depois de ter sido alternadamente possuído e possuidor, redescobrir-se normal e livre no final, como após um bom pesadelo ou sonho mau, é uma catarse que de longe ultrapassa as terapêuticas sedativas atuais ou os anestésicos sociais.

No entanto, seria um grave contra-senso reduzir o não-dito a processos de adaptação mais ou menos recalcados e que vêm em socorro de situações de angústia da espécie. O não-dito do homem lhe é específico na medida em que é criativo, faz nascer um duo do homem consigo mesmo, o qual se inscreve na memória do sujeito e a partir daí constitui uma aquisição intangível, que é preciso levar em conta a todo momento. Vamos repetir, tanto quanto o conteúdo mais ou menos mitificado desse imaginário criado, o que conta é sua intensidade, sua carga emocional e afetiva, seu invólucro erótico, sua selvageria...

O não-dito é uma margem de liberdade própria de cada indivíduo, o efeito de uma vontade, ao contrário do recalque. É com voluntarismo e liberdade que o sujeito alucina o real, que corta, separa, retém, Há ao mesmo tempo obrigação e não-obrigação na expressão ou censura do não-dito. Não existe um estatuto do não-dito que só é estrutural sob forma de equilíbrios extremamente instáveis e sempre renovados.

A ritualização era, até os tempos modernos, o meio privilegiado de fazer conviver os compromissos do aceitável e do irracional. A possessão ritual imitava a possessão real e a submetia à vontade do sujeito, como no caso dos faquires. Essa ritualização se acomodava perfeitamente ao ritmo próprio dos fenômenos sociais. Logo, porém, a revolução cinética dos últimos quarenta anos (transportes aéreos, vôos espaciais, transmissão das informações etc.) fez sair da moda esses ritos, que se tornaram arcaicos e até mesmo ridículos, diante dos transes modernos, em especial a grande missa televisada. No exato momento em que a modernidade, ao reduzir o espaço disponível à intensidade selvagem, aumentava a violência e a necessidade dela, envelhecia os ritos através dos quais essa intensidade do não-dito procurava se exprimir. Daí a necessidade de às vezes se autorizar por outros meios extra-rituais a expressão de um não-dito. É o caso das substâncias tóxicas. Estas, com seu poder anestésico em relação à culpa e sua intensa rapidez de ação, oferecem possibilidades inigualáveis de acesso ao não-dito. Mais ainda na medida em que ele não tem mais como se manifestar por meio de comportamentos banidos da sociedade, nem mesmo por meio de uma verdadeira linguagem. A alucinação sensitiva, ao mesmo tempo vivida e sentida, mas essencialmente do interior, permite ao sujeito toda liberdade de desenvolvimento, sem que ele tenha necessidade de comunicar ou comungar. A periodicidade necessária a todo bom funcionamento catártico do não-dito se realiza com o fim dos efeitos biológicos do produto. Do mesmo modo, a modernidade está integrada a uma rapidez extraordinária dentro do conteúdo do imaginário tóxico (como o demonstra, por exemplo, a literatura fantástica), bem como a uma abordagem mais complexa e mais liberada da auto-sexualidade. É a isso que se chama "viagem", termo que em grande medida ultrapassa o delírio hedonista para exprimir um além que representa uma suspensão extraordinária das proibições, a qual o não-iniciado não tem capacidade de medir, e a atmosfera de calor e de relaxamento moral que a acompanha.

A noção de modernidade é essencial à análise do não-dito, à qual dá toda sua atualidade. Encontramo-nos, de fato, diante de uma nova situação, no cruzamento de uma elaboração tradicional do não-dito, de uma reativação dos grandes medos ancestrais diante das impossibilidades de controlar as novas evoluções (medo atômico, por exemplo) e de uma redução do segredo (individual) e do sagrado (coletivo) pela hegemonia científica.

O reaparecimento em massa das drogas — em primeiro lugar alucinógenas, depois anestésicas e euforizantes e, por fim, excitantes — é a ilustração disso, testemunho da oscilação e da justaposição entre o desejo de modernidade e a nostalgia do retorno às origens: além mesmo do conteúdo de "viagem", a aceleração da vontade em ação com a livre disposição de uma seringa, simples objeto de consumo que se pode descartar, encarna a ultrapassagem de usos antigos que exigiam a festa para a absorção de um tóxico. O álcool já não é suficiente para as novas eras. Sua invasão legal (exceto nos países muçulmanos), seu papel de amortecedor social, porém, igualmente, de detonador, nas grandes catarses assassinas, seu lugar quase que de sacrifício (pensemos nos acidentes de estrada), sem dúvida lhe conferem um estatuto de exorcismo dos tempos modernos. Mas ele não permite e não assume a modernidade, da qual não recria a rapidez das mudanças e a intensidade das justaposições.

Que é então esse não-dito que exige a intensidade e busca novas vias para a sua expressão?

Pode-se situar sua existência e efeitos mais cotidianos na vida dos casais. A inflamação do desejo, o aparentemente tudo dito da conquista, a ritualização do casamento com o fim de tentar formar uma unidade estrutural objetiva, o nascimento de crianças, depois o desaparecimento progressivo do desejo, o aparecimento de frustrações organizam pouco a pouco as relações em torno de um não-dito familiar que a descendência, em primeiro lugar, está arriscada a sofrer. Hegel já dizia que o casamento é a idéia ética na sua imediaticidade, mas que ele não leva em conta a subjetividade inter-humana. Como contrapeso a essa imagem ética bastante forte, as cerimônias rituais, os cultos de iniciação exibem versões negras e versões angelicais do casamento, imitações decalcadas, aceleradas e desaceleradas, onde se diz o que devia se calar. As famílias modernas não dispõem de derivativos semelhantes. O desejo carnívoro da mãe em relação a seu filho, o desejo de ir até o fim do incesto para anular sua própria mortalidade e sua angústia da morte se manifesta de maneira rude, porque a limitação da célula familiar impede que semelhante desejo se disperse por diversos filhos ou se dissimule pela amplitude das tarefas. O não-dito dessas famílias é tão aterrorizante que fabrica muito mais loucos que nas gerações precedentes e, depois de um certo tempo, muito mais toxicômanos. Entre o idiota da família e o resto do lar circula um não-dito cada vez mais aterrorizante, a ponto de — nas sociedades ocidentais, pelo menos — a vulgarização do pensamento freudiano tornar a censura ou o angelismo cada vez menos operantes.

Assim, do coletivo ao individual, as relações com a lei em suas três dimensões — real, simbólica e imaginária — são hoje multiplicadas de tal maneira que infinitamente mais coisas se passam com o conhecimento dos protagonistas e menos coisas com seu desconhecimento. Os velhos terrores sublimados (especialmente pela *mise en scène* religiosa) deixam com crueza e crueldade seu lugar aos terrores arcaicos, à angústia da morte, à punição pela castração etc. O dito é considerado explicação de tudo, mas remete cada um à sua solidão primeva, com resquícios de história individual ou coletiva. Diante do relativo fracasso da modernidade, se impõe a necessidade de um refúgio pelo clã e dentro do clã. Isso parece evidente nos bandos de adolescentes dos conjuntos habitacionais de baixa renda (ainda muito próximos da categoria de criança "perversa polimorfa"), onde os ritos de iniciação e a sexualidade precoce des-censuram, mas dentro das cavernas, o que oficialmente é censurado lá em cima, no apartamento familiar, onde está entronisado o Deus Televisão e onde o casal de pais é a própria imagem do fracasso e da frustração. O não-dito encontra um lugar, mais ou menos legítimo, na possibilidade de recusar o mundo dos adultos, ao mesmo tempo em que o arremeda, e de criar para si uma identidade através da solidariedade do grupo, mas também suas obrigações cruéis, embora conhecendo as verdadeiras obrigações do tempo. Com efeito, não é tão grande a distância das cavernas de La Courneuve à cerimônia da umbanda em Salvador, na Bahia.

Em torno da questão sexual, surge do não-dito o problema da identidade. Todo clínico sabe o que esta representa para um adolescente. O sentimento de feiúra do corpo, a angústia de ter órgãos sexuais muito pequenos rodeiam (ou são substituídos por) as grandes angústias existenciais: quem sou eu, por que vivo etc. Sem dúvida, a questão da identidade sexual está no primeiro plano do não-dito, como está entre os povos colonizados, ou ex-colonizados, que têm a angústia de possuir um pênis menor que o do colonizador e vice-versa. Quando pode, essa questão se exprime na arte, e em especial na representação fálica dos ídolos. Ao contrário, quando a estrutura social é mais estratificada, a missão confiada à arte é de confortar os mandantes em relação a seu medo: foi o que compreenderam os mestres da estatuária grega, ou do Renascimento, o admirável (e homossexual) Michelangelo, cujo Davi é o modelo da beleza do corpo, com um sexo suficientemente grande e harmonioso para não ser ridículo e suficientemente pequeno para reassegurar os senhores da época de sua virilidade. Apostamos que nenhum deles discutiu com antecedência essa questão, que figura no não-dito evidente dessa época. Mas essa questão não esgota o fundo do não-dito.

Um grau acima está a questão colocada pelo desejo andrógino que parece ser um dos pesados segredos da humanidade civilizada, mesmo se lhe são reservados espaços de expressão — a exemplo das catarses coletivas do carnaval no Brasil ou dos espetáculos de travestis em outros lugares — ou se ela conseguiu superar-se na anulação pela castração (eunucos do harém, castrados) cuja sublimação na arte lírica dá um exemplo. Essa questão que se coloca (e que é às vezes colocada) desde a infância, que atinge na adolescência um grau intenso, é uma dessas que a ciência esclarece (a bissexualidade fundamental biogenética de cada indivíduo) e descarta ao mesmo tempo, a designa como anormal e patológica, impedindo com essa condenação que os indivíduos tentem viver, ainda que apenas por um momento, essa tentação.

Finalmente, é a ambivalência que caracteriza o jogo entre o dito e o não-dito. Ambivalência por eclipses: se acredita sem ter certeza de se acreditar completamente. As divindades são apenas divindades, mas não Deus. Nunca há totalidade nem encerramento. Ao contrário, há fluxo constante, enriquecimento constante. O não-dito é maleável e móvel. Ele é a ponte entre o imaginário e o recalque, o terror e o desejo. Ele se alimenta do presente e do ancestral. O não-dito é aquilo que é íntimo, aquilo que se sente como intransmissível, como uma experiência em si e para si. Mas é, em perfeita contradição, a possibilidade de verificar seu pertencer a um grupo, a um clã, lugar de solidariedade e de sobrevivência. Quando o clã celebra sua festa, onde aparentemente cada um é por si, é uma autorização cúmplice e terrível, mas afetiva, que é dada a cada um, de ir ao fundo de si mesmo sem que ninguém julgue o que foi dito ou feito.

Uma cerimônia, além disso, nunca é senão um compromisso provisório e cada ser retorna à sua solidão, sobretudo quando a cerimônia foi ridicularizada pela modernidade: é bem difícil, por exemplo, fazer um camponês normando falar do "Grande Alberto". Mais inconfessável, a dimensão sexual no não-dito é onipresente. A dimensão paranóica (perseguido/perseguidor) a segue de perto, muitas vezes ligada às situações históricas dominante/dominado, possuidor/possuído, como por exemplo a servidão ou a escravatura. O sadomasoquismo também desempenha aí o seu papel, como tantos outros temas inconfessáveis (necrofilia, escatologia, relações diversas, com o sangue que corre, incestos etc). É notável que em todas as civilizações se encontre os mesmos temas mais ou menos sublimados, mais ou menos assumidos. Do mesmo modo que é notável que as ciências causais devastem esse domínio com os mesmos estragos que provocam os predadores na Amazônia. Tratando-os como pueris, infantis ou selvagens, promovendo uma visão de perito entomologista, os sábios ocidentais, em especial os estruturalistas, fizeram pesar a consciência daqueles que ousavam jogar o não-dito. Basta ver a situação desproporcional e mal-adaptada da psicanálise em um país como o Brasil para se dar conta desse desvio e da vergonhosa incapacidade das elites de assumir a herança popular. O que se torna proibido, nova proibição dos tempos modernos, não é propriamente jogar o não-dito, mas gozá-lo. O homem violado em sua intimidade, objeto de experiência, nem mesmo ousa mais resistir, como seus predecessores. Oficialmente ele diz o não-dito ao psicanalista, ao sociólogo, ao etnólogo, etc. Mas lhe fica uma intensa frustração dessa objetividade terrivelmente reducionista e que é tudo, exceto a vida. (Como, porém, tudo o que surge do não-dito não é instintivo, portanto, não é obrigatório, como não há nem impulsividade nem compulsão em sua expressão, entra-se no domínio da auto-repressão por medo "do que vão dizer". E por recalque, insistimos nisso).

Nas antigas sociedades escravagistas, o dominado não tem mais que dissimular. Ele pode falar livremente, os senhores o incitam, chegam a escrever teses sábias. Fazendo isso, despojam o não-dito de suas funções. Proíbem a hipocrisia, que era a maneira de dar o troco, de marcar sua submissão, de comprar a paz e a boa vontade do poderoso, de se dar assim um espaço de liberdade. Nas sociedades ocidentais, é cada vez mais lícito falar da sexualidade ou da própria sexualidade, coisa que não alivia em nada a angústia de cada um dos sujeitos diante dela.

Ao perder suas funções de salvaguarda, o domínio do não-dito é ao mesmo tempo reduzido em relação às suas dimensões tradicionais, mas de alguma forma obrigado a explorar outras vias, dar uma outra roupagem, modernista ou arcaica, àquilo que permanece imutável e de que já falamos. A atual retomada da androginia é um dos sinais mais espetaculares disso, como se os referentes habituais do problema de identidade sexual se tornassem inconsistentes ou, pelo menos, não representassem mais a convicção íntima dos seres. Aparece assim, pouco a pouco, a dupla natureza e a dupla função do não-dito: arcaico e obrigado a integrar a modernidade, modalidade da salvaguarda de identidade do ser e do grupo e modo de expressão mais ou menos censurado de seu medo de não ser, de estar, portanto, com uma angústia de morte, ela própria não censurada e permanente. Essa é a melhor maneira de compreender o verdadeiro sentido da canção dos Sex-Pistols intitulada *No futur.*

Não pode haver teorização causal ou interpretativa do não-dito sob pena de se cair no folclore. A teoria do não-dito é a não-teoria: uma seqüência ampla e flexível que se modifica à vontade. Não existe uma estruturação do não-dito como existe por exemplo uma estruturação da libido na teoria freudiana. Há herança, transmitida ao pé do ouvido, no segredo e, por outro lado, trabalho de construção e de destruição permanente, de adesão e de dúvida, de distância e de proximidade instantânea. O não-dito surge da intuição construída, mas está tão longe da construção quanto do recalque, tão longe do instinto quanto de uma doutrina intelectual, mesmo se, na aparência, quando ele se exprime, o faça dentro de um ritual elaborado. Intuição que faz com que sejam rejeitadas como inadequadas as soluções oficiais ou institucionais propostas, e que leva a calar, custe o que custar, determinadas coisas íntimas assim que floresce o impulso de exprimi-las, um pouco como o louco que tem que dissimular para o seu psiquiatra o fato de que continua a delirar, se quer sair do hospício. Intuição que despista o desejo e a fantasia, intuição que permite à criança ser "inocentemente" o perverso polimorfo que é, intuição que pressente "intelectualmente" o perigo, que procura se identificar com o instinto, mas não o consegue, a não ser nos momentos que levam ao êxtase, à possessão. Se não é possível haver teorização causal disso, não se pode negar o importante lugar da memória individual e coletiva no não-dito. A tradição oral transmitida de geração em geração, deformada em suas origens, embelezada em seus mitos, é trazida pelas fadas desde o berço. Quanto à memória individual, ela funciona um pouco como um filtro seletivo e deformador, registrando mais em função da atmosfera emocional e da melodia que do próprio fato: toda criança se lembra de um filme que a aterrorizou quando era pequena e que, quando revê, a surpreende por sua ingenuidade ou ridículo. Aqui também não há fronteiras exatas entre o recalque e o não-dito, só que as resistências não se exercem da mesma maneira: não existem, para o não-dito, válvulas de segurança como são os sonhos para o recalque, nem símbolos, significativos por sua aparente insignificância. O não-dito está por se criar, vigília escondida na toca, como que acuada. Não existem para ele os subterfúgios do inconsciente, ele só avança mascarado nas cerimônias livremente consentidas; mesmo se é mistério, sua significação nada tem de misteriosa, pelo menos em primeiro grau, e não tem necessidade de um trabalho psicanalítico para vencer as resistências que se opõem ao reconhecimento do sentido. No não-dito, há justaposição do simbólico, do real e do imaginário a cada instante, mas a cada instante pode haver reposição, crítica, censura. Há superstição mas ao mesmo tempo há voluntarismo. Há matéria bruta, mas igualmente, seleção. O combate interno não se desenrola com um ator/autor passivo diante das pulsões do id e as resistências do superego, mas com um ator/autor que dispõe de uma certa liberdade de manobra e de dissimulação. Também o não-dito é o lugar-dito do desejo e do medo, ou do medo do desejo, ou ainda do desejo do medo. Mas é também um lugar-dito político, onde a pessoa exprime a si mesma: o apetite, o amor, a aversão, o ódio, a alegria e sobretudo o rancor. Sem que isso seja censurado nem pela respeitabilidade nem pela redução "civilizada" ou civilizadora operada pela linguagem. Os ídolos constitutivos de um não-dito não são personalizados como o Deus dos judeus ou dos cristãos, são ídolos alternativos e sempre se pode proteger-se de um com o outro. Em suma, o não-dito do homem é múltiplo, não único, mesmo se tal tema parece dominante. Em todo o caso, sua representação será variável, pelo menos emocionalmente: seus deuses serão semideuses. O não-dito é ao mesmo tempo totalitário e o lugar ideal do compromisso.

Vê-se que, com o esforço de sair do esquema causal, apenas se pode aproximar-se do não-dito, rodeá-lo, inclinar-se em sua direção, através de pequenos toques, por impressionismo. Por definição, o não-dito deixa de sê-lo quando é expresso. Quem é capaz de traduzir a atmosfera das disposições afetivas elementares? Mesmo o próprio sujeito é incapaz disso, sobretudo se se trata de superstições, ou de impressões. Pelas mesmas razões, coisas banais, aparentemente objetivas, podem ser incorporadas a um não-dito pessoal, justamente em função do contexto subjetivo dentro do qual elas se desenvolvem: a angústia que nasce, numa criança pequena, no momento de adormecer, manchas na parede, antes de adormecer, o medo da explosão atômica e do fim do mundo para muitos adultos... Até mesmo uma abordagem puramente fenomenológica é insuficiente e redutora, na medida em que estamos aqui no domínio da instabilidade, da contradição, dos fluxos desordenados, das correntes. Pode-se reter uma linha geral das direções, mas é preciso admitir que o não-dito é algo vivo, instável, em perpétua modificação, esforçando-se por manter uma homeostase aceitável entre um psiquismo adaptado ao combate da vida e os grandes e pequenos medos, os grandes e pequenos desejos personalistas, entre a criança que tudo quer na hora e o adulto que sabe que existem senhores e escravos. "Nós, os Karamazov, somos esses insetos, e também somos exatamente como os anjos." "Os insetos vivem em você e desencadearão uma tempestade no seu sangue." O não-dito é um pouco isso, no interior de um ser, e convém analisá-lo nas instâncias importantes da vida, mas convém também analisar sua influência no plano das instituições e seu modo de interação e relação.

Pois por mais intimista e personalista que seja, o não-dito, a não ser que participe igualmente de uma aventura coletiva, cria, com e sem o conhecimento do interessado, modificações extremamente importantes nas inter-relações sistêmicas. Basta ver o sistema familiar e em especial a relação mãe-filho. Nós sabemos, sobretudo depois de Freud, do papel do desejo do incesto, e do medo da punição por castração do desejo incestuoso. O que sabemos menos é da integração dentro do não-dito das revelações de um freudismo mais ou menos bem digerido: o que acontece quando, errado ou certo, um adolescente diz a si mesmo que deseja sua mãe, seu irmão ou sua irmã? Em que isso modifica as possibilidades de passagem ao ato, ou ainda à culpa? Em que a revelação relativamente moderna do direito da mulher ao prazer modificou a relação homem-mulher, a relação possuidor-possuído? Em que as tomadas de consciência modernas influíram sobre o aparente desenvolvimento da homossexualidade? E em que essa homossexualidade "moderna" é diferente, por exemplo, das práticas homossexuais tradicionais nos países onde a virgindade das meninas permanece sendo um valor em si? Nós não temos hoje nenhuma visão satisfatória da maneira como isso funciona, do que foi relativizado, dos terrores diminuídos e dos terrores ampliados, ao contrário. À agressão natural do mundo que toda criança aprende a conhecer se somam — mas em que proporções? — as agressões do saber moderno, aí incluída a descoberta mais ou menos censurada, por uma criança, de que ela é talvez mais competitiva que seus próprios pais em relação à modernidade.

Para nós, a contracepção feminina é uma revolução pelo menos tão importante quanto a revolução industrial do século XIX: o acesso da mulher ao direito do prazer sem o risco de procriação está perturbando as relações homens/mulheres e, portanto, suas imagens representativas no psiquismo da criança pequena. Mas há também a extrema rapidez das aquisições científicas, as constantes revoluções conceituais e os remanejamentos adaptativos incessantes que elas impõem. Há a revolução da informação pelo audiovisual e a telemática, que faz com que o *Big Brother* possa estar em toda parte ao mesmo tempo, das Filipinas ao Brasil, e que o E.T. seja a encarnação do dito e do não-dito moderno em todo o globo. A uniformização da informação anda lado a lado, e isso não é inocente, com a possibilidade de clonagem dos seres pela biologia, o desenvolvimento de "bebês de proveta" e o progresso da psicoquímica (especialmente o desenvolvimento da categoria dos "tranqüilizantes" ou dos "antidepressivos"). Em face do desenvolvimento desse tipo de modelo único, o homem tem um movimento contraditório duplo:

de um lado, ele quer integrar a todo custo a modernidade, ele a quer ser. Toda exclusão é vivida como um drama (isso é evidente nos jovens, através de sua cultura dominante, a música). Por outro lado, há o recuo ambíguo diante do medo de não estar à altura e sobretudo de assim perder algo de sua especificidade, de sua identidade. Mais que nunca o não-dito permite que se escape do totalitarismo. Ele decodifica os códigos, derruba paredes, permite o êxtase, o gozo. Sem dito, não há não-dito. Sem não-dito, não há mais dito. Há ordem, morte. Ao contrário, o não-dito isola, às vezes até à patologia. O terrorismo mudou de lugar. Não é mais exatamente o do senhor sobre o escravo, do oligarca sobre o camponês ou operário. É o dos países dominantes sobre os países dominados, não necessariamente pela força militar, mas através do empreendimento psicológico, da dominação cultural, do modelo de consumo, do modelo sexual: assim, a importância das proezas amorosas dos atores americanos tem uma repercussão na vida sexual dos povos e na criação de neuroses sexuais bastante inimagináveis. Já falamos do E. T., mas mitos como o do Superman, que sucedeu ao Tarzã, são ao mesmo tempo modelos de identificação e modelos de rejeição, tão ridícula se sente a pessoa, com um pequeno sexo, diante deles. É tudo isso que forma hoje uma nova realidade desconhecida, com sua parte excitante e sua parte repressiva, seu arcaísmo renovado pela modernidade sem que se possa saber realmente se se trata de uma junção superestrutural e, portanto, lábil, ou se se trata de uma modificação intrapsíquica realmente fundamental. Pode-se, no entanto, dizer que o impacto emocional e afetivo é bastante forte para engendrar não somente temas delirantes, mas igualmente verdadeiros delírios estruturados. Do mesmo modo, não sabemos muito bem como se organiza e desenvolve o combate psíquico permanente entre o antigo e o novo, o arcaico e a modernidade, quem é o aliado de quem, e em que momento, especialmente em relação à lei e à norma, à Ordem e à Moral. A importância maior de se conhecer isso está em que nenhum campo de consciência é um espaço livre, e que do mesmo modo que a membrana da célula está num constante equilíbrio instável, atravessada pelo fluxo e refluxo dos íons químicos, desse modo aquilo que se passa entre o inconsciente e o consciente de um lado, mas sobretudo entre o consciente e o mundo exterior, é fundamental para a organização da vida, e até da sobrevivência. Aquilo que penetra na cabeça de um homem está condicionado pelo que se passa no ambiente. O que ele faz disso é condicionado por sua própria história, a de sua fratria, mas também, nunca nos cansaremos de repetir, pela carga emocional e afetiva do instante. O não-dito tem necessidade de um acme e de uma escansão para se tornar parte do indivíduo. Ao inverso, e às vezes para surpresa dos outros, a expressão do não-dito tem necessidade de uma carga emocional e de um acme para se traduzir em passagens ao ato e não se transformar num recalque, fonte de patologia ou espécie de reserva mental insana, produtora de infelicidade. Mas se não há total liberdade para a sua expressão, se são necessárias essas condições, e, às vezes, uma verdadeira *mise en scène* (como nas cerimônias dos vodus), há, e aí está sua especificidade, possibilidade de escolha seletiva nessa expressão. Uma espécie de liberdade vigiada, sem qualquer determinismo obrigatório. Em suma, um empreendimento que é um desafio à ilusão científica. Não se pode realmente prever ou analisar o conteúdo do não-dito a não ser dentro dos seus temas, pelo menos dentro de sua intensidade, e também não se pode prever a forma e o instante de sua saída da clandestinidade provisória. Em suma, o não-dito é místico e supersticioso, mas é igualmente voluntarista. Seu conteúdo surge do imaginário e do simbólico, mas sua saída do gueto pessoal surge de um real mais ou menos controlado, em todos os casos, sempre controlável. Não emergem do não-dito os lapsos, os sonhos com temas chave, as palavras espirituosas. O não-dito não tem senso de humor, mesmo quando tem o senso da caricatura, mesmo se, em suas expressões simbólicas, desfigura até o grotesco as representações de suas divindades. Somente o não-dito da criança, quando ela alucina o real na brincadeira, se exprime com uma espontaneidade quase inocente e alegre. Fora isso, para que ele se exprima, é preciso o segredo e o sagrado, a iniciação quando ele é ritualizado e quando ele é reduzido à expressão solitária, à desconfiança dissimulada, à reticência calculada, à meia mesura. Como poderia ser de outro modo, se as funções essenciais do não-dito são as de lutar contra a evidência do real: na verdade, o tamanho do sexo, o instinto de morte, a categoria de escravo... Ele opõe um conhecimento empírico e instintivo a um conhecimento perfeccionista e aperfeiçoador que pretende deter as chaves do progresso ao explicar tudo, mas que não consegue impedir o homem de ficar doente, de ser inapelavelmente mortal e freqüentemente infeliz. Ele opõe uma concepção de fusão onde se misturam por exemplo o prazer e a dor (evidentemente, no sadomasoquismo), a vida e a morte, a ressurreição com reencarnação e o retorno ao pó, a uma concepção em geral dualista que parece nos governar.

Pretender que o não-dito seja a anticiência seria inexato. Ele está de fora do explicativo, marginalidade do sentido e sentido da marginalidade, "não sei o quê" ou "quase nada" que lembra que existe, em primeiro lugar, ser. O discurso científico tem uma função de certeza organizadora. O não-dito organiza ao mesmo tempo a certeza e o medo, sem sacrificar um ao outro. Sua legitimidade o encarna dentro da convicção íntima do ser. Mesmo fora do conteúdo que ele elabora, o não-dito é. E o sujeito poderia anunciar: "Eu tenho meu não-dito, logo existo."

I
Sentimentos

O NÃO-DITO DO ANDRÓGINO

Rio de Janeiro, carnaval: a extravagância andrógina se exibe como uma noiva, apenas por três dias. Depois, ela volta a ser machista. Esse lutador da Zona Norte, mais "bicha" que todas as "bichas", lhe enfiaria uma faca na barriga se sua virilidade fosse colocada em dúvida.

O Rio diz em voz alta aquilo que cada um vive em voz baixa. Normalmente, as censuras individuais e coletivas funcionam suficientemente bem para que apenas os mais doentes ou os mais frágeis se permitam transgredi-las no cotidiano.

Porém, signo dos tempos, nossas sociedades permitem com freqüência cada vez maior que a androginia saia de sua clandestinidade: nas ciências biológicas, por exemplo, onde, sem complexo algum, nossos fecundadores engravidam os homens, em todo o caso, exploram cada vez mais sistematicamente os caminhos que levarão a isso; na área dos *shows,* onde, há decênios, as estrelas, essencialmente para os jovens, músicos e cantores, provocam sexualmente seu público sem nenhuma restrição, sem nenhum pudor (de Mike Jagger a Michael Jackson, por exemplo); na república das letras, onde a androginia volta a ser tema de debates literários ou científicos, exercício de antecipação a propósito de um futuro unibissexo.

Fenômeno de moda ou de questionamento, a tentação andrógina não deixa de ser extraordinariamente difícil de viver, e, portanto, de dizer. Ficou ainda mais difícil na medida em que está arriscada a se integrar numa antropologia doutrinária, da qual as ciências neurológicas se fizeram porta-vozes e assim entrar num determinismo das deformações congênitas ou então, ao contrário, voltar ao campo das mitologias de um pensamento selvagem vivido como arcaico ou reservado aos não-civilizados à imagem das culturas da umbanda ou do candomblé no Brasil.

Estando a androginia no cerne dos debates modernistas ou de ressurreições arcaicas, ela está o suficiente no clima da época para que o destino individual dos sujeitos que a vivem de uma maneira mais ou menos dolorosa no cotidiano mereça ser questionado.

A androginia pode ter nascido de um questionamento, mas é quando ela se torna figura de um desejo que penetra no domínio do não-dito.

O tempo está sempre presente no anátema moral e legal que prende a androginia a uma determinada condição mental, biológica ou zoológica. Mas se trata de um falso saber, obscurecido pelo preconceito moral e legal. É o que se pode ver muito bem nos casos humanos de hermafroditismo, confiados, com certo mal-estar, à clínica médica.

É impossível não se surpreender com a diferença entre o mal-estar diante desse tipo de "deformação" e a aceitação de estratégias mitológicas e sociais que dão direitos de cidadania à androginia. Mais uma vez, a usurpação se torna Privilégio do coletivo, mesmo que o destino individual permaneça cruelmente afetado por múltiplas e severas proibições, estreitamente ligadas ao fato incontornável de a androginia continuar vivida como uma transgressão daquilo que se chama "a Ordem Natural".

Somente aqueles que, como os toxicômanos, têm uma espécie de mandato de transgressão por todos os meios, porque têm um vazio insuportável a preencher, aí se arriscam, pelo menos no domínio do imaginário. Para eles, de todo modo, é tão impossível não viver sua tentação andrógina quanto é assumi-la.

Mas o que acontece com tantos outros que não aceitam a separação maniqueísta entre o masculino e o feminino, ao mesmo tempo em que admitem que é assim que funciona a ordem do mundo e vivem com o sentimento de uma profunda ferida?

O paraíso verde dos amores andróginos

A criança, ela própria um perverso polimorfo inocente, se exprime sem disfarce: "Eu quero me casar com a minha mamãe", diz a menina pequena, indiferente à distinção dos sexos; ela também quer se casar com o seu papai. Quantos meninos pequenos não põem o travesseiro na barriga para "brincar" de mulher grávida ou roubam os sapatos de salto alto da mãe, travestindo-se de uma maneira que então atrai todas as indulgências. Essa brincadeira não teria como durar, e desde a escola a criança aprende, brutalmente, a obrigação da simplicidade binária, remetendo a ambivalência do desejo à censura, ao não-dito.

Imagens de heróis exemplares servem de advertência, outras imagens, de repulsa, modelando pouco a pouco o mundo do não-acessível, em virtude de uma regra do jogo que não deixa espaço senão à agressividade de cada um contra si e do grupo contra aquele que ousasse transgredir, inventando assim um bode expiatório. Mas o andrógino vem a ser uma realidade quase que clínica logo que aparecem os primeiros desassossegos da adolescência. É verdade que a prática tão corrente das ligações homossexuais funciona mais como um *"ersatz"*. Mas ninguém hoje pode negar que a sexualidade está cada vez mais liberada, assim como não se pode negar a parte de desejo desses jogos em que cada um se debate entre a obrigação do prazer e a obrigação da "normalidade", entre a fuga e a fascinação pelo desejo enfim realizado, avivando a presença ambígua da androginia morfológica entre certos adolescentes, nos quais a delicadeza artística da postura, da voz, da textura da pele dá um álibi à expressão do desejo. Como se houvesse aí uma hesitação biológica e psicológica antes da opção definitiva!

Em seguida, existem aqueles que aparentemente ultrapassam esse momento, fazem a opção. Então começa o domínio do não-dito.

Os rituais de deslocamento

A androginia revoluciona aquilo que é dado como a "Ordem Natural" profundamente censurada. Ela só aparece quando surge uma tentação sugestiva. Essa tentação sugestiva, muitos artistas exprimiram, como Johann Füssli, Magritte (*O sonho do andrógino*) ou ainda Hans Bellmer. Mas a obra do artista inscreve o andrógino no excepcional e não na vida cotidiana de um homem qualquer.

Do mesmo modo, a androginia pode ser ritualizada (ainda que a gente possa se perguntar como os fiéis vêem a batina dos meninos do coro!). Poder-se-ia dizer até mesmo que a expressão ritual é organizada institucionalmente para servir de válvula de escape, com o fim de assegurar um funcionamento "ameno", que permite suportar a coerção cotidiana da separação dos sexos. O ritual permite uma proibição de eclipses e o primeiro não-dito reside na espera apaixonada por alguns desses instantes ritualizados onde eles podem se permitir, sem estar expostos a punições, uma certa forma de transgressão. Ainda falta, de improviso, sublinhar a parte inevitável de decepção que carrega toda transgressão ritualizada, pois ela não pode nunca se realizar integralmente na carne e pela carne, e não passa de imitação. Seja como for, existem em diversos grupos sociais ritos de tonalidade andrógina: os ritos mutiladores de certas sociedades, marcados por um certo sofrimento, através do qual se exprime a punição por haver ousado desafiar o proibido; a delegação a indivíduos da possibilidade de ocupar certos postos andróginos (os padres, por exemplo), seja de maneira permanente, seja por ocasião de certas festas; a transgressão coletiva por tempo limitado (já falamos disso a propósito do carnaval).

O sujeito, para justificar sua inconfessável inclinação, tem necessidade do caráter excepcional da festa para realizá-la. Mas olhando-se de mais perto, os meses de preparativos e os meses de recordações, depois, asseguram os prolongamentos, mesmo que já não se viva no acme do paroxismo. O não-dito do desejo se permite então escapadas nos ensaios, nos preparativos, nos comentários: uma abundância de imagens permite suportar a não-passagem ao ato.

Num grau menor, ou mais desnaturalizado, o mesmo se dá com os espetáculos de travestis. Não tanto em relação aos próprios travestis, mas aos espectadores: casais casados, exibindo, no caso dos homens, a virilidade, cujos comentários muitas vezes obscenos e quase sempre forçados mal disfarçam o mal-estar e o desejo, quando não é o mal-estar do desejo. Nada obriga esses espectadores a essa semi-revelação, que bem parece uma quase obrigação, compulsiva, para seu próprio imaginário.

O desvendamento pela violência

Tem-se o costume de dizer que na violação, a vítima, de certa forma, consente. A questão se vê colocada em função daquilo que nesse consentimento não é exteriorização do desejo de ser o outro, coisa que, aliás, se pode ver com freqüência nas produções delirantes. A violação, como o delírio, autorizam, através da violência, e restituição do ser primitivo, quase embrionário, e a reconstituição, paradoxalmente sem riscos, dessa outra realidade de si.

Quando o castrado canta Bellini, a pessoa se esquece, no desabrochar do dó de contralto, a soma de violência, voluntária ou não, que foi preciso empregar para reconstituir *in vivo* o andrógino da mitologia, e isso perturba quem quer anular o envelhecimento natural e prestar homenagem, na voz infantil e ao mesmo tempo totalmente feminina, ao desejo do eterno biface, como símbolo realizado da graça e de todos os amores possíveis.

Em outras partes, a voz trai; aqui, ela afirma, provoca o maravilhamento, assim como o mal-estar: como o bobo da corte, o castrado ali está para testemunhar o não-dito dos outros. Não é por acaso que só o poder dos príncipes e dos reis, e também dos papas, que afirmam viver uma vida de castidade, possa promover tamanha insolência. Mas a audácia tem seus limites. Somente a voz não os tem: ouça-a subir, o mais alto possível, lá onde nem a criança sozinha, nem a mulher, nem o homem, podem chegar. O desafio está à altura da audácia. O príncipe lança o desafio de sua natureza profunda. Ninguém é capaz de dizer se o castrado lamenta sê-lo ou se se encontra liberto, superior, no além. O castrado deve ser como o escravo, que odeia sua condição e duvida de poder ter outra. Só que o castrado não pode ser libertado e sua androginia, por sua vez, ultrapassa a vontade do senhor, escapa-lhe, para tornar-se a máscara que faz caretas para a velhice e a feiúra: outro não-dito que remete o senhor ao destino humano e à angústia de morte. Castrado, violado, vítimas de uma mesma violência e de um mesmo desejo, constituem a outra face da ferida e do travesti.

Como a natureza ousa mais do que lhe autoriza o contrato social, aqueles que encarnam a transgressão situam-se no extremo da fantasia arquetípica, permanecendo por inteiro a questão daquilo que no não-dito do violentado suscita a passagem ao ato do violador.

Existe, no entanto, uma diferença quantitativa entre o castrado e todos os outros: o senhor lhe inflige um estatuto além da morte. Ele o mutila, em vez de perdê-lo, ele viola o proibido, mas ao preço de uma não-possessão da totalidade de seu desejo, posto que o castrado já não é mais completamente o andrógino, ao mesmo tempo em que a criança de voz sublime não terá a feminilidade ambígua do desejo totalmente realizado. O desejo do senhor testemunha, apesar de tudo, o não-dito, o impossível, mesmo na violação do proibido, a satisfação do impossível, a satisfação da paixão. Paixão transcendida então pela voz e na voz, a qual, notar-se-á, canta com a mesma freqüência a morte e o amor. A negação do princípio de realidade vem do mais profundo da garganta e diz em voz bem alta ao senhor aquilo que escapa à sua própria consciência eu me dou a você, ao limite extremo de tudo o que é possível, mas apenas na voz e nunca mais no sexo — senhor, nem você nem eu nada podemos (em todo o caso, não outra coisa, essa outra coisa que é o não-dito de nossa paixão).

Notemos incidentalmente que uma outra forma de transcender a dificuldade de realizar o andrógino perfeito se encontra realizada no teatro Kabuki japonês, onde todos os papéis estilizados e simbolizados são desempenhados por homens, permitindo a estilização remeter o desejo ao nível do simbólico (em todo o caso, da convenção), isto é, remetendo ao jogo e à representação aquilo que não se pode formular e viver no cotidiano. A estilização (símbolo e simulação) bem como a banalidade bem tola da história que serve de pretexto à exibição de personagens andróginas permitem conjurar o perigo oculto. Ao oferecer ao espectador a marca da banalidade, ela o faz aceitar o simbólico, em seguida, além, a confusão de sexos. O não-dito reside na passagem de um a outro no íntimo de cada espectador. Mas seria inconveniente exprimi-la ou mesmo compartilhá-la com outras pessoas.

A violência do desvendamento

O homem comum não ousa nem mesmo essas passagens ao ato, e vive mais ou menos cruelmente a guerra dos sexos no cotidiano! Sempre há ao mesmo tempo desejo do outro e, através desse outro, desejo de um outro em si. Em outras palavras, o homem comum vive o desejo em estado de falta. Essa falta é aquilo que poderia preencher um vazio, reconstituir uma unidade mais de mito que real, mas em relação à qual ele sente maior nostalgia na medida em que, desempenhando sua divisão sexual "normal", acumula insuficiências e frustrações. Esse desejo, ele o vive como proibido e obsceno. Ele o vive com o ciúme da pessoa que bem gostaria de se apropriar daquilo que, no outro sexo, ela não possui. (A psicanálise insiste muito na cobiça do falo da parte da mulher e na angústia-desejo de castração no homem). E se esse tipo de desejo raramente é confessado, tão grande é a censura, ele encontra milhares de expressões, não ditas, na passagem ao ato artístico (máscaras africanas bissexuadas, estatuária hindu ou baixos-relevos romanos, por exemplo) ou ritualizado, cuja maior expressão se encontra no Gênese, que transforma Eva num produto da costela de Adão, e Adão, num ser que perdeu alguma coisa de sua integridade.

Eis-nos remetidos à falta, a essa perda de integridade que todos sentem, mais ou menos (como demonstra o discurso que todo psicanalista ouve logo que tal desvendamento fica autorizado), mas que poucos exprimem.

O que é que faz, então, o peso de tal censura, de uma tal proibição, já que o mito da androginia existe em todos os tempos e em todas as civilizações? E que a androginia existe, quase no sentido perfeito, no caso da mulher grávida? Sem dúvida, é preciso ver aí justamente o peso secular do androcentrismo pelo qual o homem assegura seu poder, atribui à mulher a categoria única de objeto sexual e instrumento justamente andrógino da reprodução. Daí que, para ele, reconhecer seu desejo andrógino seria cair a uma posição inferior e, de possuidor, tornar-se possuído. Essa posição tem como correlato a angústia — de perder a identidade e de deixar desvendar-se uma fragilidade que o exporia à humilhação. Como diz Jean Libis: "A diferenciação dos sexos se vive sobre um fundo de risco e de violência."

É, em primeiro lugar, na angústia do risco de violência, através da guerra dos sexos, que reside o primeiro não-dito. A androginia pode se apresentar como perdida para a verdade do desejo, e resolver assim a questão da falta, com o inconveniente de ter de se pagar com substitutos: desejo incestuoso da mãe pela criança ou, ao contrário, desejo da morte de um filho que a remeta demais à diferenciação dos sexos. Fantasias de gravidez no homem, tão freqüentemente encontradas nas curas analíticas, em especial neuroses hipocondríacas.

A hipocondria, por conseguinte, se torna o único acesso possível à censura, ao não-dito do andrógino perdido para a verdade do desejo. O que é, sem dúvida, doloroso, mas tão mais reconfortante para o homem comum, que prefere os benefícios da doença aos suplícios da exclusão!

A hipocondria é um avatar, um deslocamento da bissexualidade. Quando se interroga um hipocondríaco, ele chega com facilidade a descrever um animal estranho que ronda seu corpo. Essa incorporação-encarnação de um outro sob forma animal pertence também, de algum modo, ao não-dito. Mas em seu desenvolvimento mais simples e mais freqüente, a hipocondria permanece sendo o campo de um outro em si, no lugar de uma tendência reprimida — que se assimila muito rapidamente a uma tendência homossexual, já que as coisas são ao mesmo tempo mais simples e mais complicadas: a tendência homossexual não é senão a via tradicionalmente aberta e proibida para preencher o vazio. Via ilusória, pois não é no outro que se encontra a falta ou a solução para a falta, mas em si, na costela tirada de Adão para fabricar Eva — como no toxicômano, a dor manifesta a "lembrança" de um além, de alguma coisa que foi e que não é mais. Não seria extravagante invocar, a propósito, os gêmeos imaginários.

A atualidade do sofrimento somático, naquilo que ele carrega no corpo, leva a questionar sobre seu conteúdo, já que não é a linguagem que é capaz de falar. O conteúdo nos parece ser o desejo do sujeito de se integrar ali, para não se integrar em outra parte, em especial, evidentemente, no domínio da sexualidade. A sexualidade mascara sutilmente outra angústia de uma não-identidade. Então o corpo fala, no lugar da identidade. Não se trata, é certo, de reduzir a isso a hipocondria, mas de apontar aquilo que é censurado, mesmo numa leitura psicanalítica ou clínica da hipocondria. O que Freud diz da melancolia — "a perda se produz bem, mas não se chega a saber com precisão o que foi perdido" — pode e deve se aplicar à hipocondria.

A importância dolorosamente extasiante do corpo hipocondríaco obriga a um inventário de si incapaz de encontrar solução numa explicação objetiva "científica" clássica. Ela obriga à aproximação ainda maior da realidade íntima do sujeito que, mais que os outros, tem necessidade de comunicação, de se abrir sobre sua dor. Mas ao mesmo tempo, essa parte de verdade — a tendência andrógina — permanece na maioria das vezes inacessível (exceto em casos de hipocondria delirante) e explica parcialmente a incurabilidade de tais sintomas. E isso em maior medida quando o sujeito tem vergonha diante de outrem. É a partir desse impensável que se articula uma espécie de duo moral, sintoma que enreda o sujeito e do qual ele não é capaz de sair ou, em todo o caso, do qual não pode sair a expressão do desejo de colocar de outro modo a questão da diferença dos sexos.

O homem ou a mulher que consegue sair disso em geral o faz por meio de um fetichismo mais ou menos secundário ou de comportamentos geralmente reconhecidos como perversos, oferecendo ao desejo insuspeito o estratagema de uma abordagem pela dor ou outras iniciativas erógenas, mais ou menos elaboradas, mas que têm em comum o fato de não serem férteis. A esterilidade de tais iniciativas encarna *in fine* a esterilidade da posição andrógina, espelho que se parte logo que, pela primeira vez, nele se busca a própria identidade.

A linguagem perdida é aquela que poderia sublimar essa esterilidade numa referência à unidade dos gêmeos e remeter a fantasia ao mito. Mas muito poucos (fora os delirantes) se aventuram por aí, com medo de pagar um preço alto demais por isso. É mais uma forma de falar da dívida que todo homem leva dentro de si e que seria aqui a da separação em relação à fusão original, a que faz da mulher grávida o modelo perfeito do andrógino, posição insustentável que acarreta o desnudamento e em primeiro lugar o da fala.

De fato, a maioria dos sujeitos não quer saber de nada a respeito disso e teme como à peste aquilo que, no *lapsus linguae,* na palavra espirituosa, no riso afeminado, no balanço de um andar, revela, num fulgor rápido, a outra metade deles mesmos. A cilada do desnudamento é mais ameaçadora que a prática do fetichismo (que é menos letal socialmente). O problema da androginia está, ainda que a "coisa fale por si", lá onde não se quer que a coisa fale.

O testemunho involuntário encarna a verdade íntima, ao máximo na hipocondria; ao mínimo no fetichismo e na caricatura do travesti. Mas a vontade do sujeito, em si, atua no sentido de anular isso, querendo dizer que se trata quando muito de experiências extraordinárias, como as que se exteriorizam durante a bebedeira, mas que o controle social e o superego manipulam de sorte a tornar tudo isso arcaico e, no final das contas, sem importância, em todo o caso, a não ameaçar nem o sujeito nem o grupo com um outro nascimento de um sujeito biface. O não-dito se refugia na subjetividade e no imaginário, no sadismo de si para si, nesse medo perpétuo e às vezes atualizado da ameaça desse nascimento biface. Isso passa por uma espécie de discurso interior, onde tudo é ao mesmo tempo afirmação e negação, expressão e controle. Falar a si permite despertar o desejo e ao mesmo tempo fazê-lo adormecer. A experiência clínica está aí para autenticar o movimento duplo da tomada da palavra interior e de sua censura exterior, que só cessa para os delirantes, desde que não estejam sob o efeito de neurolépticos! Mas, como essa palavra interior não é suficientemente nem constantemente soberana, ela deixa escapar o lapso ou a mímica, ou ainda esse riso tão agudo no momento em que se espera um riso másculo e viril. Também é preciso não omitir a parte dos sonhos e dos pesadelos, embora muitas vezes eles apareçam mascarados e só sejam reveladores de sentido por reminiscência. Todo psicanalista sabe como ele intervém enquanto memória do desejo do outro.

Quando não é uma linguagem perdida, o não-dito tem, então, uma função quase autoterapêutica, o que não exclui, longe disso, as formas do prazer, eventualmente auto-sadomasoquistas. Nós encontramos aqui a função do não-dito que obedece a uma espécie de lógica regressiva: encurralar uma identidade perturbadora num campo, a meio caminho do recalque do inconsciente e do dito revelador, e encurralá-la a meio caminho do imaginário e do razoável teorizado. Como verdade de si para si, realidade que não se pode exprimir no exterior sem arriscar ser condenado com violência implacável, sendo que mesmo uma condenação da parte do próprio sujeito lhe causaria uma ferida insuportável e humilhante. O conflito e o que está em jogo remetem ao que G. Bataille chamou "uma relação interna entre o proibido e a transgressão". Só que aqui a transgressão não se dá somente no ato, mas na e pela palavra.

Mas mesmo quando a fala ousa, ela se camufla em espécies de uma mistificação zombeteira, de um desafio que impede que se vá ver de muito perto, sendo então a linguagem mais um "modo de ação" (no sentido de Bion) que um meio de comunicação, como atestam a ironia e o escárnio. A fala que ousa passa por uma representação teatral que significa ao mesmo tempo negação da ambigüidade e exibição para quem procura decifrá-la. Com efeito, a ironia é esse instrumento sutil que evita se trair sem impedir que se desnude um pouco. Essa corrida de obstáculos é correspondente aos conflitos entre as aspirações afetivas arriscadas a tornarem-se mortíferas se não conseguem se exprimir e o contexto social (às vezes, familiar) que seria assassino se o sujeito se restabelecesse.

Realizar o ser andrógino

O simbólico não pode ser mais que um deslocamento aculturado do desejo, tanto mais forte na medida em que a censura é mais severa.

Do mesmo modo, a aproximação brutal da violação é excepcional. O lugar do desejo andrógino como proteção em relação à lei do outro, a saber, a castração, e mais longe a morte, não é, em si mesmo, excepcional. Realizar o ser andrógino é ter acesso à totalidade imortal e não mais estar submetido à lei comum. A frustração de não ser andrógino é proporcional à força da angústia de castração e de morte. Aí está uma outra versão do desejo andrógino que tem menos capacidade ainda de se expressar que o impulso desejoso e que é ainda menos capaz de ser recebida no íntimo. É extremamente raro encontrar uma denominação lingüística corrente desse dado permanente do desejo andrógino. Somente os xamãs e os pais-de-santo, através da ritualização, recebem a delegação de seus grupos sociais de se conduzirem como mulheres e até mesmo, às vezes, terem maridos durante o tempo de duração da cerimônia. Mas o encontro dessa versão simbólica e do gozo é, em si, extremamente raro no cotidiano. Só ou quase só o toxicômano permite ao corpo e ao imaginário estarem, mais ou menos simultaneamente, em harmonia, aqui e agora. O gozo permite, de algum modo, o angelismo: um "ser" não sexuado, portanto, não separado, que vive no Nirvana ou no arcaico anterior à obrigação sexual. A toxicomania, na meta ilusória de amálgama dos contrários e numa suspensão do tempo vivido, é a única tentativa não ritualizada ou não caricatural de viver a androginia. Mas a toxicomania permanece um agido, e não um dito. E esse agido, mesmo no seu acme, apenas produz uma ilusão alucinada, remetendo aquele que transgride ainda com mais força e mais dolorosamente à castração e à morte. A queda e o retorno ao real serão mais dolorosos e mais o toxicômano se fechará num não-dito impiedoso, pois que se paga socialmente em atos e que a sociedade, sem vislumbrar o conteúdo vivido do êxtase, apenas irá registrar a falta e a dor. A condenação do imaginário é o preço a pagar!

A essa altura, vão objetar que nossos exemplos remetem mais ao desejo de ser o outro sexo que à dolorosa impossibilidade da tentação andrógina: toda busca do completo passa pela anulação de uma parte de si, e o desígnio andrógino tem menos a ver com a condição dos gêmeos que com o incesto. O ser bissexo é no fundo complexo e se liga a uma mãe ideal, que seria ele mesmo, grávido de si, e sempre homem. A cena do parto público de um homossexual no filme *La Peau* oferece uma ilustração marcante disso.

Como se poderia dizer — a não ser com a inocência da criança que esconde um travesseiro embaixo da camisa — uma tal monstruosidade do desejo? O angelismo é mais confessável e mais confessado (nem que apenas na tradição religiosa da pintura italiana), mas desemboca no castrado. O desejo da androginia leva, não importa o que se fizer, ao seguinte dilema: desejo de ser castrado ou manutenção (ou restabelecimento) do lugar totalitário com a mãe protetora e odiada, a única que tem possibilidade de refazer o cordão umbilical, realidade somática de uma androginia remetida a seu arcaísmo. A não ser que se opte pela morte, único estado em que são abolidas as pulsões vitais — ou a não ser que se viva num estado de coito permanente, que se aproxima da fusão, o que é impossível — resta compor com o imaginário e o proibido, sem a fatalidade do hermafrodita e sem o risco do toxicômano. É ao discurso interior que vai caber permitir que o sujeito possa tirar proveito e não doença das oposições que, sempre e ainda agora, levam à falta, à profunda insatisfação do homem separado no seu nascimento e que terá o íntimo desejo de descobrir o negativo de sua sexualidade "normal".

O sofrimento do homem é desigual: alguns nunca sentem suficientemente a falta, a separação arcaica, por não serem capazes de negá-las. Outros ainda, como vimos, têm de ir até o fim, levados pela dor insuportável, e revoltar-se contra a aparente plenitude da determinação sexual. Muitos vivem um mal-estar semipermanente, em busca de um não sei o quê (*O tempo perdido,* de Proust) que se preocupam com ocultar ou que descobrem, ao contrário, por casualidade, através de um encontro (se pensa, por exemplo, no retorno imprevisto do recalque na análise). Para esses últimos, começa a elaboração sinuosa de um estado entre o sentido e o teorizado, a vontade de assumir ou a de erradicar o risco, o princípio de prazer e o princípio de realidade. O conflito é ativado se intervém um certo encontro que introduz o problema, a desordem, não somente no plano do desejo, mas ainda mais no plano da identificação. O que faz o homem comum quando surge a paixão, inesperada e "anormal", se tiver a opção de entrar em pânico ou passar ao ato? E se ele passa ao ato, qual será seu custo na economia libidinal do sujeito? O que faz o sujeito com a sua solidão incompleta? É verdade, os mecanismos de sublimação vão entrar em jogo e funcionar: a natureza do ser não terá sido menos colocada em questão na passagem ao ato. A nostalgia, a angústia, o desejo louco transformam-se em lugar comum, assim como a permanente desconfiança em relação àqueles ou àquelas que poderiam representar os desmancha-prazeres. Já dissemos, no extremo, tais situações podem engendrar delírios, sobretudo paranóicos, mas às vezes mais dissociados ainda, quando até mesmo a paranóia não consegue assegurar uma defesa suficiente; ou quando a criatividade (obra, filho) não é tão forte que possa suscitar a distração necessária.

Na maioria das vezes, o sujeito encontra os compromissos necessários, mal ou bem os cumpre e vê, com o passar do tempo, instalar-se a degradação de sua identidade impossível. Mas que de novo se produza um encontro, um clima de nostalgia, uma brisa de música, e o frágil edifício ameaça desabar, cair na melancolia, no prazer dolorosamente extraído do impossível e da frustração. Assim, todo homem está atado ao acaso organizador da fragilidade do ser e do equilíbrio. A busca, ao mesmo tempo que o medo e o evitar desse acaso, ritmam o não-dito desses seres, enquanto se esboça e se desfaz no íntimo o bosquejo da totalidade. O jogo do imaginário organiza um conjunto de imagens complementar que nunca se basta a si mesmo, remete à falta ou "à cara do primeiro Satã que for de um sexo ambíguo" (Baudelaire), portanto também à frustração, essência do não-dito do homem às voltas com seu problema de androginia.

Ele leva o homem à morbidez, pelo menos à alteridade "enquanto limiar de uma perfeição" (Jean Libis). O objeto do desejo permanece inatingível. E se fosse atingido, necessariamente se desnaturaria, virando decepção. O não-dito vagabundeia entre o cume e as mil astúcias para não chegar, tão grande seria a decepção. Essa procura do outro em si mesmo é bem mais permanente que a busca de um corpo amado, a qual todo o mundo sabe que desemboca na pluralidade dos corpos amados, ao contrário, portanto, da unidade dos gêmeos. Mas, ao mesmo tempo, a pluralidade é a via aberta e a mais próxima da norma, contradição ainda, portanto, e que provê um de seus mais belos temas ao não-dito que tem que se confrontar de novo, após a repetição, com uma decepção incontornável.

O ser perfeito não existe ou não existe mais. Restam apenas a tentação e a insatisfação, alojadas no espaço da separação. Mesmo Narciso que se aprecia no espelho d'água não consegue se encontrar e revela não ser o objeto adequado de seu desejo. Nenhuma iniciativa desejosa jamais atinge seu termo, seja ela heterossexual, homossexual ou outra. Ela se choca com o obstáculo de uma divisão.

Não há, nunca, ser novo que nasça de uma paixão no próprio sujeito. E a procriação só pode ser uma procura em que logo se verifica que também ela não encarna o ser andrógino.

O não-dito se encerra dentro do esquema da divisão. Ele compõe com a degenerescência da onipotência, mais ou menos reprimida e afirmada, o desejo. Se o sonho às vezes permite oferecer figuras ao sexo ambíguo, o estado de consciência ou semiconsciência está obrigado a levar em conta a censura e o impossível. De resto, é necessário um incessante trabalho interior de adaptação social e psíquica, de autovigilância cotidiana, já que as sublimações se tornam faltas.

A sublimação criadora compete com o desvendamento de um outro desejo. Se não é suficientemente criador, o homem está arriscado, na hora da descoberta e do fim do recalque, a viver numa atmosfera de estranheza que prejudica os fundamentos de sua vida. Apenas tem à sua disposição as funções do não-dito: elaboração e compromisso, mas igualmente coerção em relação à passagem ao ato, que colocaria em perigo sua condição social.

Concebe-se melhor a proibição de representação de corpo e carne humanos em certas religiões ou civilizações quando se vê como em outras que, ao contrário, a solicitam (a hindu, por exemplo), se constituem as mutações animal-primárias e zooandróginas as mais monstruosas que exprimem o não-dito de tantos homens.

Além das proibições, a coerção se exerce pelos mecanismos de culpa, de sanção, de dívida a pagar: a queda de Adão e Eva expulsos do Paraíso funda a culpa judaico-cristã a partir de um desvendamento que descobre a nudez, e portanto a diferença dos sexos: o Antigo Testamento remetia, ele próprio, a Sodoma e Gomorra. A culpa gira em torno do sexo e do desejo, mas acima de tudo da transgressão de uma proibição, a qual, descobre-se, tem início com um sexo de homem e um sexo diferente de mulher. O erro está na tentativa de ver a diferença para anulá-la, e não no ato de amor em si. Este último só mais tarde se tornará culpado, após séculos, como se a edificação de fortalezas de virtudes só estivesse presente para dissimular o objeto da proibição primeira e deslocar assim a culpa na direção da normalidade.

É surpreendente constatar ainda hoje quantos extratos é preciso deslocar para abordar a androginia do homem, já que, da embriologia à zoologia, as testemunhas orgânicas dessa androginia são constantes no reino animal. É também surpreendente a quantidade de casais formados em cima de um compromisso social que autoriza — no "Erro" mas não no "Escândalo" — uma bissexualidade mais ou menos assumida. Se isso é possível, é que no fundo é muito vivível, e corresponde a impulsos e desejos profundos, num e noutro sentido esquivos a todo discurso conceitual.

Esse esquivar-se explica, para muitos, o não-dito: hoje é mais fácil viver e afirmar uma homossexualidade franca que esse vaivém da identidade que é o apanágio do compromisso bissexual. É preciso medir a amplitude desse movimento que transforma, por exemplo, um herói macho viril, um pai de bigode, numa "bicha" travesti e passiva, para tomar consciência da impossibilidade de dizer "essas coisas". O não-dito não está no desejo do outro, ainda que se trate do mesmo sexo; está na invocação da bissexualidade interna, do feminino e do masculino em si, da existência de um desejo de si por si, dado que esse si é inconfessável e que o desejo por outro só pode ser um substituto. A rigor, ser andrógino em relação a outros poderia e pode se exprimir através dos subterfúgios dos extremos de que já falamos. Mas que cesse essa mediação, ou a possibilidade mesma dessa mediação, e o sujeito que vive com sua tentação andrógina é confrontado com a solidão de si em relação a si. Se existe uma relativa liberdade para a passagem ao ato, não existe nenhuma para censurar ou não uma tal descoberta de si mesmo. Ele vive o confronto íntimo, que põe em jogo o duo limite de sua própria liberdade. O não-dito desse confronto pode se tornar dramático, chegar à loucura ou ao suicídio. Pode ser o extremo último da experiência interior (G. Bataille) e impedir qualquer outra forma de prazer que não seja o abandono para aquele que é ao mesmo tempo seu sujeito e objeto. Seja o que for, a partir do momento em que emerge do recalque do inconsciente e dá um sentido às passagens ao ato, o confronto põe a vida do sujeito em jogo, isto é, um dos dois gêmeos deve ser permanentemente assassinado para ao menos permitir que o outro exista.

Assim, o domínio da androginia só pode ser censurado, grotesco e parodiado, ou trágico. O não-dito registra o desejo e organiza sua negação. Mas essa negação, exceto no artista, não pode corresponder a um ideal satisfatório do eu. Ela introduz uma falta, pior que a falta do toxicômano. Portanto, não é de admirar que muitos toxicômanos tenham uma problemática andrógina e prefiram ocultá-la com a falta da droga, em vez de serem confrontados com a morte de uma metade desejosa deles próprios, com a irracionalidade das pulsões fundamentais.

Falar a si mesmo, sobre uma falta irracional, sabendo que qualquer independência em relação ao desejo é, e permanecerá, utópica, permanece sendo, entretanto, a única possibilidade aberta ao homem, seja qual for o preço a pagar por isso em termos de insegurança e de angústia. A menos que aquilo que surge da pesquisa biológica contemporânea no domínio da clonagem ou dos portadores não seja o fruto secreto de pesquisadores que querem resolver de maneira diferente do discurso e do investimento racional o problema de sua própria androginia.

O NÃO-DITO DA ANGÚSTIA

Às cinco da tarde, no Jardim de Luxemburgo, ao ar morno da primavera que nasce, o ser amado ausente há duas horas e apenas dez minutos atrasado. Tudo é tão ridículo! E, no entanto, algo incontrolável toma conta de você, remetendo à morte, ao acidente, ao rompimento, à infidelidade, e projeta você na solidão.

No meu tempo, eu me zangava com as mães exageradas, os diretores obsessivos, os professores fóbicos. Mas quem não conhece a angústia não pode conhecer isso: a imensidão do minúsculo, a onda do irracional, o fracasso da lógica, o irracional do real vivido, o tempo que não passa e esses fulgores que remetem da tenra infância à idade de hoje, às razões, verdadeiras ou falsas, de estar angustiado, à sacralização de um pessimismo narcísico e ao peso dos seres amados, estejam eles próprios em questão, ou caiba a eles suportar o efeitos. Pobre ser amado que se exaure sem compreender que é a iminência da angústia que a torna irredutível, infinita, que se vive na angústia da angústia, naquilo que marca o não-dito, a dor deliciosa, esperada e temida, o sintoma cujo segredo verdadeiro não se pode jamais comunicar a outrem. Se é relativamente fácil exprimir a outrem, a um terapeuta, ao ser amado, a imensidão de uma angústia vivida, está fora de questão, justamente, pode dizer que ela não tem causa ou tem uma causa tão pequena. É verdade, pode-se invocar muitos fatores explicativos, invocar a angústia de morte, a dívida arcaica, a falta inicial, tal ou qual trauma de infância, sobretudo injustificado, ou mesmo descrever à vontade o mecanismo repetitivo, compulsivo ou impulsivo que a angústia traz ou que a desperta. Mas o que dizer da impalpável digressão que, no ar da primavera, quando se tem tudo para ser "feliz", instala a angústia como senhora soberana e lhe remete, como uma barragem que se rompe, às mil e uma questões tantas vezes debatidas, tantas vezes descartadas e às vezes resolvidas?

No não-dito ainda e sempre, como com o toxicômano, o sujeito angustiado teme mais que tudo sentir falta da falta. O que ele não pode confessar é que teme ao mesmo tempo ficar angustiado e sentir falta da angústia. Pois a angústia se torna para ele um modo de estar no mundo, monstro familiar que o ronda e o devora e, ao mesmo tempo, o diferencia do cadáver digerido pelos vermes. Dizer a angústia permite afirmar e afinar em si aquilo que marca a diferença com o outro, mesmo que isso a torne insuportável, com a condição de calar a parte de voluntarismo que preside a organização de um mundo angustiado e angustiante. Calar é, em todo o caso, apreender o outro nas malhas desse modo de estar no mundo, sem que ele possa tomar o argumento que lhe permitiria evadir-se de outra maneira que não a fuga, isto é, sem que ele possa "quebrar" a parte voluntarista e a complacência na dor e na desgraça, abandono erigido em fetiche, em ídolo, pelo sujeito angustiado. O sujeito cala diante do outro a sua angústia, para "não angustiá-lo, por sua vez". Na verdade, hábil comediante, através de mil mímicas, recusa de alimentação ou expressões psicossomáticas, ele envia mensagem após mensagem ao outro, que não agüenta e acaba sucumbindo em maior ou menor grau a esse terrorismo da dor moral, pois ela é, apesar de tudo, legítima.

A legitimidade da angústia, mesmo se ela é obscura para o outro, é incontestável. O drama está em que a intensidade dessa legitimidade não é mensurável, palpável e acessível, de modo que para o próprio sujeito ela corre o risco de aparecer mais ou menos desproporcional e não se compreende sempre muito bem por que, e com que falta de pudor, ela é tão incontrolada e incontrolável. A falta de pudor da angústia é uma passagem obrigatória, em primeiro lugar, para o próprio sujeito. Ela é a medida do encontro de si consigo. Não há nenhum humor nessa histerização da angústia manifestada, nenhuma piscadela de olho que permitisse o distanciamento e mais ainda a transgressão num jogo em que o sujeito conhece as regras. (Nessa medida, a angústia já não seria conveniente, o não-dito seria remetido, e com que rudeza, ao recalque, à morte real ou imaginária.) Não, a angústia necessita de um compromisso inicial e de iniciação: de um lado, ela é verdade absoluta, alógica, sofrimento mais próximo do íntimo, da falha arcaica, como se dentro do ventre de um vulcão que retoma sua atividade; de outro lado, sua desmesura obscena surge de um não-dito através do qual o sujeito acerta as suas contas e estabelece em sua relação com o outro esse relacionamento carnívoro que lhe permite pacificar seu próprio monstro dando a ele um outro para comer. O não-dito está, com efeito, na existência perversa dentro de si, desse Moloch que exige um sacrifício sangrento para ter um momento de paz.

O choque não é sempre tão brutal assim. Muitos seres arrumam locais de angústia romântica. Ela seria apenas sintoma e doença se, na paisagem, não houvesse um Jardim de Luxemburgo ao cair da noite, com suas flores da primavera recém-desabrochadas, ou a abadia do Bec-Hellouin, na bruma de novembro, quando os cantos gregorianos respondem ao sino que tilinta, mais ainda, quando o *Requiem* de Mozart, ou o de Berlioz, introduz entre a árvore e a cortiça a questão da existência de Deus, e de repente, logo em seguida, aquela lufada de angústia que você conhece tão bem! Lugar delicioso, entre o prazer e o luto, a totalidade e a dívida. Aqui, o não-dito está em que nenhum fetiche é suficiente ou pode ser chamado em socorro quando o sujeito descobre que o *Requiem* existirá e que as flores voltarão a crescer enquanto ele, como um verme, ou um besouro, estará morto, essa morte matriz primeira da angústia e cujo medo constante, que se acentua e canaliza como se dentro de um funil ao fio do tempo que passa, permanece sendo o não-dito essencial de todo homem, rude ou sábio, padre, sacerdote budista ou rei coroado. O que não se pode dizer, pelo menos no cotidiano, é esse trauma jamais assumido, mesmo se, para dizê-lo, assim mesmo, a humanidade construiu hoje fetiches científicos e ontem, religiosos ou místicos. Nesse sentido, o não-dito da angústia é o de que ela é ela própria o fetiche que vem se instalar quando o homem não consegue assumir sua nudez, seu estar no mundo, por acaso, sem outro sentido além da certeza da morte. Lendo Shakespeare ou Bataille, chega-se à compreensão de que é possível maravilhar-se com estar angustiado, pois nos mil e um tormentos da Experiência Interior se verifica em primeiro lugar a própria existência.

O interior da intenção

A angústia compartilha com a dor masoquista "o extremo do possível" (G. Bataille). Mas se o masoquista sabe como chegar a ela, isso permanece um mistério para o homem comum, que não tem a opção de decifrar. A dificuldade irrompe quando a escolha, censurada ou não, é feita no sentido de manifestá-la, de dizer sua tonalidade, intensidade e atmosfera. Como tudo o que é íntimo e visceral, a angústia vale aquilo que vale a sua tradução. (Notemos, de passagem, que isso é verdadeiro para o próprio sujeito, que jamais se lembra muito bem daquele pesadelo horrível ou daqueles sonhos carregados de símbolos pesados que ele não consegue "interpretar".) Fora dela, o outro permanece adormecido, ou de mármore, remete o angustiado à espera e não à solução-resolução. Ele está e fica completamente perdido e solitário, sem que seu corpo e sua alma possam fazer silêncio, remetendo-o à sua feiúra, à sua incapacidade, às suas impotências, enfim, às suas culpas.

O angustiado, com efeito, desnuda o "interior da intenção". De uma maneira bruta, intensa, sem a mitigação que a filosofia tenta (por que, então, escrevem os filósofos?), nem a anestesia controlada da psicanálise, nem mesmo a atmosfera docemente suave da elegia poética. Pode-se enganar todo o mundo mas nunca o espelho que lhe estende a angústia, mesmo se um certo "jogo" acentua suas dimensões, e se a complacência em relação a você mesmo permite manipular o abandono. Esse jogo não dissolve as culpas sempre presentes que remetem à culpa primeira, aquele erro que deve, é claro, existir em algum lugar, posto que, dos mitos gregos à psicanálise, passando pelo inferno judaico-cristão, está sempre a nos perseguir como um oficial de justiça em função de uma dívida que se tem de pagar seja como for. O que o angustiado diz a si mesmo é que em relação a essa dívida, não há nada que possa fazer. Ao contrário, o erro do erro está em tê-lo feito nascer com suas misérias acabrunhantes, que o impedem de viver: a culpa do filho que quer romper o cordão umbilical da mãe, que todo o mundo, exceto ele, reconhece como sendo possessiva; culpa de ser pequeno ou grande, ou magro; culpa de ter iniciado no mesmo leito o irmão ou a irmã menor, ou ainda de tomar o lugar de uma criança morta ou de uma criança ideal nunca nascida; culpa dos "maus" pensamentos, fantasias e impulsos de transgressão de uma lei real ou simbólica que contorce o imaginário com uma necessidade de gozo diferente e em outra parte; culpa, simplesmente, de ser, e de ser outro, em outro lugar diferente dos que querem, podem e tentam construir os outros; angústia de estar só se a diferença é muito marcada ou muito marcantemente confessada, de estar só e portanto enfrentar a morte. Não é isso, que não é confessável a não ser a si mesmo, em fulgores extremos a rigor insuportáveis, que deixa de sê-lo a partir do momento em que se organiza em sintomas? Por se aproximar da morte com excesso de pertinência, tempo e lógica, chega-se a queimar o que resta de vida, a tornar o ar irrespirável, a preferir, por mais odientos que sejam, os tormentos da angústia no face a face mortífero.

Pode-se dizer que tudo gira em torno da morte dos pais, esperada e temida, desejada como garantia de uma pretensa independência a ser adquirida, temida porque a vida dos pais é o único abrigo verdadeiro que se possui contra a própria morte? Pode-se alguma vez dizer que se se deseja uma morte "sem sofrimento" aos genitores, é sem dúvida por altruísmo e amor, mas igualmente, em algum lugar no indizível, porque o precipício do envelhecimento indica, como as agulhas de um pêndulo, a marcha inexorável, o inapelável do sentido único e esse horror absoluto ao pensamento de que aquele velho que está morrendo não é senão uma criancinha que sente medo, medo terrível? Se esse velho que é seu protetor não passa de uma criancinha cheia de medo, então a sua própria sorte está selada.

A morte dos pais é o acme da lenta escansão que inapelavelmente leva você, no mesmo movimento, como o efeito do narcótico, à sua própria onipotência, enfim liberada, e ao começo do fim — do seu fim. Por isso, a dor do luto é a última trincheira que protege o tesouro da sua vida, dando-lhe um sentido antes que se instale a angústia definitiva que, daqui para a frente, acompanhará você, olho que está na tumba e que olha Caim.

O discurso interior da angústia

A linguagem, então, não faz mais que cuidar da angústia. Ela pode pacificá-la, como a aspirina acalma a febre, e até mesmo organizá-la, colocá-la em funcionamento — pensemos em Nietzsche ou Bataille — reificá-la, coisificá-la, escarnecer dela, transformá-la em *Fragmentos do discurso amoroso.* Mas a linguagem está condenada à impotência porque organiza o afastamento daquilo que não se pode afastar. É aí que intervém com força total o discurso interior, o compromisso do não-dito com aquilo que o sujeito confessa a si mesmo e aquilo que pode transmitir ao exterior. O discurso interior íntimo ajusta a angústia, fixando-a num tema exterior que, uma vez que ocupa a frente da cena "social", permite ao sujeito ficar tranqüilo em outras áreas, tomar fôlego. Não se deve jamais confundir angústia exterior, exteriorizada, e angústia interior. A primeira é apelo, discurso ao mundo, captura antropofágica do Outro; a segunda é selvagem, inculta, nada poupa do feio e do maldito, põe a nu e ao vivo, remete ao mais masoquista do masoquismo e ao mais sádico do sadismo, filha e produto do monstro que há em nós, que somos nós. O não-dito é então esse diálogo que se estabelece com o monstro, suplicando a ele que seja apenas artefato, fetiche, que se tem de "desfetichizar", mas que lá está, inconsistente, e ao mesmo tempo duro como a rocha, devorando e ao mesmo tempo impalpável, como um polvo que lança seus tentáculos e, no mesmo movimento, os retrai, para outra vez lançá-los em outro ponto. As delícias mortais fazem parte desse diálogo, onde se tem prazer na dor, onde a verdadeira dor profunda, na intimidade extrema e na íntima extremidade de si, é, no entanto, tão forte, que a cada instante da incessante batalha ela consegue, no corpo a corpo, dominar o prazer de se ferir, para reinar só, todo-poderosa. Daí o longo lamento interior, gemido que ninguém ouve, fora de si, descobre, revive nos mil poros da pele, os bilhões de moléculas do corpo, aquilo que constrói, num modo de estar no mundo, o horror, o ignóbil de si, a feiúra e a mentira absolutas e, no mesmo movimento, lança, sem acreditar, embora acreditando o tempo todo, essa oração indistinta com que todo povo e todo homem se deparam quando estão muito próximos do perigo: essa oração que, mais que tudo no mundo, encarna o *kaddisch* dos judeus, quando o homem pede perdão a Deus pelos erros que cometeu contra a própria liberdade. É pouco a pouco, quando essa letra volta a ser legível, não está mais submersa pelo fluxo e refluxo da intensidade da angústia, que se pode organizar o discurso no mundo da angústia. Letra ilegível porque no fundo não se trata de causa determinada, mas da invasão de uma constatação daquilo que se é, aqui e agora, sem nenhum recuo, sem nem mesmo o recurso a um discurso do imaginário, sem mesmo essa mediação que pode ser a nostalgia. Que se entenda bem, não há angústia sem fluxo do passado, mas aquilo que a criou, aquilo que é a sua própria essência, é essa bruma indistinta, que não permite distinguir o acessório do essencial, a espinha do tumor e do pus que brota e invade o corpo e a alma. Se se arriscasse uma definição da Angústia, poder-se-ia dizer que se trata do encontro justaposto de um fluxo afetivo do passado e sua névoa; quanto mais há de afetivo, mais a névoa é intensa e cria aquela dor e tensão que impedem a decifração. Uma nostalgia pode se transformar em angústia a partir do momento em que a busca do porquê a faz cair na bruma e na tensão e transforma o agradável num torno cruel, permitindo-se apenas esse sofrimento alógico, totalitário naquele instante, em que o verbo como o raciocínio deixam de ser pacificadores, tornam-se, ao contrário, cães dóceis dentro do desenrolar da "experiência" em si.

O equívoco reside na parte desejada, querida, na experiência. Nós já dissemos que a angústia, como a falta que sente o toxicômano, é modo de estar no mundo, não-morte verificada pela intensidade. O não-dito não é a necessidade de provocar a angústia, mas a absoluta necessidade da intensidade, do limiar da dor na experiência, que só pode ser formidavelmente intensa, agulha no coração da carne, torno que esmaga o tórax, penar que impede de respirar, e o conjunto das impressões impossíveis de descrever, calor ruim, apodrecimento interior "mal-estar na própria pele" que está em toda parte e em lugar nenhum, cuja experiência o sujeito não pode aceitar dizer que busca, deseja, persegue, e que não tem fim, no lusco-fusco, entre consciente e inconsciente senão o de instalá-la, para vivê-la, enfim, degustá-la até à última gota. Ele pode dizer que a angústia o possui tanto quanto ele a possui? Verdadeiro casal que visa à unidade; é o sujeito que incorpora a angústia ao mesmo tempo vivido onde a angústia incorpora o sujeito, sem deixar lugar ao Outro e, portanto, ao Dito. (Se ele chegasse a demonstrar que é somente essa dupla incorporação que o impede de ser abandonado aos vermes, reais e simbólicos, que ele existe, mesmo na ausência de um mundo que existe sem ele ou que é mais bonito, mais inteligente, mais rico, mais amado que ele, então o jogo valeria a pena, ainda que ao preço que ele já paga, agora.)

O que ele não pode dizer é a própria modéstia do desejo na Angústia. Ele não é toxicômano, nem místico. Ele não busca, no acme de uma escansão, ser Deus ou ser imortal. Muito banal, muito prosaico, ele procura, apesar de todo o leque de sentimentos negativos, que vão da feiúra à solidão, ser. É verdade, poder-se-ia supor um investimento masoquista, do qual a angústia seria o fetiche. Não é nada disso. A dor, ele passava sem ela. E se organiza sua intensidade, sua atmosfera, é na falta de coisa melhor, porque é só isso o que possui, o que de todo modo o invadiria, como a maré inunda a praia. Ele do mesmo modo ofereceria a si mesmo uma fobia ou uma dramaturgia histérica e demonstrativa se elas se impusessem a ele como sintomas de dor e de vida. Se a Angústia desmente a morte, e faz de um minuto, de um segundo, a eternidade é fácil conceber-se sua utilização perversa e o não-dito que a acompanha. De certa forma, todo angustiado joga com aquilo que o domina um jogo perverso. Ele próprio se torna um perverso de eclipses, cujo fetiche é a angústia. Sem o eclipse, morre ou enlouquece. Ora, sem a eficácia da linguagem dupla, interior e linguagem "mundana", ele não tem eclipse. É essa vida dupla sentida e falada que autoriza, contraditoriamente, a torrente do caos e, a partir da desordem, a construção imaginária de uma ordem, comentário vivo sobre a vida que está bem ali. Se faltassem ao sujeito palavras para se dizer isso, haveria "uma solidão sem som" (Nietzsche), o suicídio.

O não-dito tem som, mesmo se é silêncio dos outros e para o Outro. Se a angústia é sacrifício da razão, loucura oculta no aparente racional, seu não-dito a retira um pouco do mundo dos monstros para levá-la a um mundo mais humano. Ao contrário do dito, que se esforça para não mais deixar espaço ao acaso, o não-dito se permite grandes confusões, idas e vindas, ziguezagues, o afetivo, a não fala no imaginário. Início de ordem, ele permanece suficientemente emocional para assegurar e assumir uma transmissão. Ele é emergência na emergência, ainda fluxo e já leito do rio. Confessor do inaudível, nós o compreendemos tanto quanto ele nos compreende. Ele é o outro de nós mesmos, com o qual dialogamos, o primeiro esboço do compromisso de vida, ainda que, ao mesmo tempo, seu urro nos faça pagar os mil preços de dores impudicas.

Pois, não o esqueçamos, a angústia é um preço que nós pagamos e é em primeiro lugar com o corpo que ele é pago, ante mesmo do limite da tomada de consciência.

Existe uma peneira entre a angústia do soma e o acesso a seu reconhecimento. O discurso do não-dito já está além, organizador da desordem penosa, difuso quando aquilo que está por toda parte se torna dor, angústia verdadeira e toma seu nome. Dizer da angústia que é um discurso, é anular a parte essencial, existencial, arcaica, lava e fusão, carnívora, do magma e de sua atmosfera, esse mundo que existe antes do mundo existir. Reduzi-la a um sistema neurobioquímico funcionando mal é totalmente falsificador. Existem, é verdade, remédios para a angústia. Mas nenhum para a sua repetição, para seus tentáculos, para as suas razões e desrazões. O que tenta fazer o não-dito, por seu lado selvagem, é exprimir a si mesmo a inapelável falta de compreensão que, uma vez notada, remete à falta arcaica e portanto ao início daquilo que pode se compreender. Tarefa difícil pois, como diz Daniel Sibony: "Os laços entre a carne e as palavras não pertencem a ninguém." Tarefa portanto essencial essa colocação em cena e no lugar da angústia, tão complexa, tão frágil e tão pesada que, se não se cumprisse, faria seu senhor e escravo cair no sintoma, a passagem ao ato (o suicídio em primeiro lugar) ou a loucura.

Uma sensação do limite nos limites da sensação

Pois a angústia não é a loucura, mas antes um guarda-loucura, mesmo se está à borda da cratera, no extremo limite daquilo que pode se assumir e daquilo que não se pode mais. É o estado de melancolia que melhor a representa quando não é ainda delirante, não é ainda perseguida e persecutória, quando tudo está confuso e tão negro na ausência total de saída e na culpa que invade o campo da consciência. Quase, pois a musiquinha do não-dito que mobiliza as memórias permite ao instinto de vida lutar com a pulsão de morte, justamente porque existe um sentido nessa culpa, porque ela explora esse sentido, o engrandece, o aumenta, focaliza a atenção e oferece ao dito seu caminho. Os psiquiatras dizem da melancolia que ela é psicose, enquanto que em seu extremo, cíclico, ela é o estribo triunfante do dito: o da mania, que "diz" a cada um suas duras verdades. Quando se vê essa passagem de um ao outro, dessa emergência da morte até à exaltação da onipotência do ato e do verbo, só se pode recusar essa rotulagem reducionista. A melancolia não é loucura. Ela é luta entre o indeterminado, que tece com mil tentáculos a morte, e o discurso interior, filete ínfimo que mobiliza os recursos da razão para tornar-se regato, ribeiro e rio, enfim. A luta não é, sem dúvida, sempre vitoriosa: ela termina com bastante freqüência com o que está em jogo em toda angústia, o suicídio. Mistério pungente dessa morte diante da qual se compreende que não se compreende nada. Pois a morte é aquilo que dentro do sentido sempre escapará ao sentido. É porque, apesar de tudo, subsiste esse mistério e o medo extremo que se tem dele — seja ele antecipado com o suicídio, negado no camicase ou sublimado no fanatismo — que o homem se acomoda com o não-dito, da e dentro da angústia, que ele vai procurar com um mau humor compulsivo até reanimar, de certo modo, a flama, e que a possa auto-entreter ao infinito, quando o dito volta à cena, se obriga a ouvir e exprimir aquilo que o corpo e a alma doentes expõem, sem nada poder exprimir desse barulho-sensação, invasão, caos imóvel e cheio de garras que os outros chamam de doença ou sintoma, quando se trata da última dentada, do apelo sem disfarce, animal, arcaico, de uma vida que perdura e pretende perdurar, por mais desgraçadas que sejam as suas condições de existência.

Será paradoxal afirmar que a angústia é a vida, já que alguns dirão que é mil vezes preferível morrer que suportá-la, às vezes juntando o ato à palavra, assim provando a verdade que proclamam? O ato de se suicidar vem no lugar de um não-dito de exclusão da vida, porque o sofrimento não é mais que sofrimento, deixando de ser "dolorosamente delicioso ou deliciosamente doloroso". O não-dito tem função de vigia. O sujeito não existe sem a sua presença. Para que haja não-dito, é preciso que haja angústia. O paradoxo está em que a morte se dá no próprio instante em que cessa a angústia. Eu não existo fora da angústia. Ela é a instância última da vida, quando nada mais subsiste, menos ainda a vontade. A angústia vem a ser, de certo modo — parodiando Georges Bataille — o vazio, o pleno demais, afrontado sem a vontade. À margem do nada, a angústia é aquilo que ainda permite que se diga que existe vida, que a pessoa existe, que apesar de tudo há amor, mas amor sem Outro. O sofrimento mede o valor desse amor infinitesimal que existe, apesar da feiúra, do sexo ridículo, do envelhecimento. No ser angustiado, às vezes nos deparamos com Narciso, antes de se olhar na água, no próprio instante em que se olha e, como se, suspendendo o curso do tempo, ele permanecesse no espelho d'água, em vez de nele se diluir porque, apesar de tudo, aquilo que resta, aquilo que é dele, é ainda mais belo que a morte. A angústia é o desafio levado para a estética. Ela nasce dela, se alimenta dela para tornar-se mais forte que ela, única coisa que conta quando a graça sucumbe, afirmando-se em Deus sem rival.

A angústia como modalidade do ser

Assim, ultrapassando os "perfumes frescos como pele de criança" e sua decomposição pútrida, passando por cima do impressionismo sofrido dos sentimentos e sensações, aquilo que é humano no homem começa a se dizer suas boas verdades e em primeiro lugar à carne de si, talhando pouco a pouco na fusão tácita, no não-nomeado mortal, separando o bom grão do joio, o que o vivível do que não é.

O não-dito busca, revolve, paga o preço ao horrível da verdade íntima, é juiz e carrasco no mesmo movimento, mas ainda advogado de defesa, não se permite nenhuma gratuidade, nenhuma concessão e traça o retrato mais implacável de um homem que, a essa altura, justamente, redescobre que tem em si, e por seu mérito, por seu modo de viver, dons, um tamanho, uma imagem, um olhar do outro, que o fazem gozar, ser, viver, e uma espécie de beleza que vale tanto como Narciso: até mesmo o Diabo coxo encontra razões de viver em seus malefícios, e os laços retorcidos que ele arma lhe servem tanto para sujeitar os outros quanto para se garantir, sendo o poder o cataplasma do pé aleijado. Cada parcela da angústia que se diz, na dor extrema do parto, desagrega o edifício da morte, torna um pouco mais sólido o da vida, autoriza uma imagem mais aceitável de si, como Madame du Barry pedindo no suplício: "Um minuto mais, senhor Carrasco", o instante ganho que pode levar ao milagre, à graça. É uma graça, com efeito, o fim da angústia ao preço de pequenas rugas secretas, de compromissos que devem, e é difícil, alcançar a íntima convicção, proposições que permitem ao "desconhecido, inconsciente ou indizível reintegrar a linguagem" (M. Serres). Desde que o sujeito, como observa D. Sibony, "dá à palavra a consistência do desespero", o não-dito, que é o dito de si a si, permite assim, pouco a pouco, a passagem do magma à consistência, da sensação ao sentido, do sofrido ao assumido, do inefável ao simples apalpar de seu corpo, quando se consegue separar simplesmente a língua do céu da boca ou descerrar dente após dente, quando se consegue fazer barulho no silêncio tonitroante da angústia, esmagar a angústia com ela mesma, quando se consegue pouco a pouco organizá-la.

Começa então um outro tipo de tempo vivido, o do duplo reconhecimento: o da angústia, que lhe torna sujeito e o do sujeito que domestica a angústia, a põe numa jaula, a impede de perder-se, caos e fluxo imóvel, incontrolável, a reduz à aparente transparência que pode ser esse sofrimento infinito, ao plexo solar, ou a essa diarréia, signo e sintoma objetivos de uma evacuação, da saída possível. (Em todo o caso, é o que é possível dizer-se, desde que a luta de si consigo tenha sido dura a ponto de se chegar aí, a esse controle relativo de uma lava que a tudo invade, da trompa de Falópio ao último dos espermatozóides, para aceitar finalmente, graças ao solilóquio íntimo, correr numa espécie de leito do rio que, na melhor das hipóteses, evoca aquilo que se chamou de "psicossomático", mas que não se limita a isso, pois todo pontilhismo, na medida em que permite sair do informe, do sem substância e do não-nomeado, ainda que um pouquinho de nada, vai nesse sentido, o sentido da saída.) O sujeito é capaz de dizer: sinto angústia, portanto sou; sou, portanto domino a angústia; sou na medida em que domino a angústia.

Mas a angústia não pode ser um modo de existir no mundo permanente. Como no caso da droga, o sujeito tem necessidade de verificar, com a sua ausência, a necessidade que tem dela. Também é imperioso para ele que haja "altos" e "baixos" de angústia quanto para o viciado sentir falta da droga ou o inverso, estar em seu Nirvana. A angústia não tem interesse nem justificativa a não ser na sua diferença em relação à vida do homem comum. O sentido do trabalho subterrâneo do não-dito é também o de preparar seu aparecimento, quando ela se torna insuportável, "invivível", ajudar na sua evacuação. Dentro do que se chama de economia psíquica, a angústia é fonte de benefícios ou de perdas, mesmo e sobretudo se, na maior parte do tempo, aquele que a experimenta desejaria dispensá-la ou, pelo menos, codificar o tempo de seu aparecimento, e que não lhe pareça absolutamente necessário que ela suceda, já que ele tinha tudo para ser feliz.

Talvez seja porque ela não pode ser banalizada ou reduzida à sua causa linear. Porque o não-dito é torrente, erupção, insulto, ofensa, súplica, amor, romance, sadismo, aforismo, é que ela é, apesar do sofrimento, signo e prova de vida. Nesse sentido, ela tem a ver com uma dívida a ser paga. Por exemplo, a pessoa se mata ao descobrir a dívida obcecante de ter sido concebida num coito sem amor ou desejo entre um homem e uma mulher; mas talvez seja, antes, a dívida de ter um imaginário e de não mais confiar no olfato, no olhar, no instinto, na caça, de transformar o produto em substância e a substância em palavra, a palavra em linguagem e a linguagem em instrumento de dominação. Então, a angústia permite que não se fique em luto de si, em todo o caso, não inteiramente. Enquanto houver coisa a pagar, há vida. Isso se vê muito bem quando se está na presença de um verdadeiro melancólico, quando o próprio sentimento está no extremo, é a sua causa e o seu efeito, no imediato mais irredutível. É com esse imediato irredutível que tem a ver o debate interior: totalidade megalomaníaca e nada existencial, indescritível, e, portanto, a ser colocado em ordem. Aí a memória vem em socorro do sujeito. Aprende-se muito com as lições da própria história, aprende-se a jogar com o recalque e o pseudo-recalque que aí tem lugar, na falta de coisa melhor. A memória permite definir, tornar inteligível o que é ininteligível e, sobretudo, saber que há um fim e um começo. A lição do passado conhece a repetição e ajuda assim na espera, permite retomar o fôlego, até mesmo organizá-lo, na falta de melhor, ligá-lo a tal ou tal lembrança. Nós sofremos menos na medida justa em que o improvável se torna mais provável, que o reconhecimento se faz, que as palavras se formam, se contradizem, levam do vivo para dentro do morto.

Com o auxílio de sua memória, o ser angustiado restabelece uma comunicação interna, mesmo se ela permanece aterrorizada, não é conhecimento exato e ainda está bem próxima da morte. Como diz Georges Bataille: "A comunicação é, como a angústia, viver e conhecer." Aqui, a própria desproporção do que está em jogo não autoriza (não ainda) a comunicação com o outro, mas unicamente a de si consigo, com infinitas retenções, retornos, náuseas, agitações, desespero de não conseguir, de não poder sair, até mesmo, como dissemos, de merecer isso tudo. Depois, pouco a pouco, por toques e graus sucessivos, aparece a emergência para o exterior. Emergência aliás que está arriscada a soar falso, a se fazer "melô", megalomaníaca, tão grande será sempre a distância entre aquilo que é sentido e aquilo que pode ser dito. O dito só pode ser irrisório, castrado, racional, trabalhado dentro da língua, mesmo quando tenta transmitir a torrente, a lava, o magma, o tumulto silencioso, a imensidão total da angústia. Continua no entanto, indispensável, necessidade vital contra necessidade vital, diferença que, se organizando, autoriza a pausa, funda o direito da vida. Assim, para ir ao fundo da angústia sem sucumbir à tentação tão inquietante e tão extasiante do suicídio, é absolutamente necessário começar a não mais sofrer, mas forçar, na medida em que se possa fazer, a sorte, opor à angústia não somente a memória de seu fim, mas uma experiência da vida possível, de um tempo vivido que não seja apenas obrigatório: tempo da não-morte, da inocência, do jogo, do prazer, da estética, da poesia ou, mais banalmente, tempo da fome e da sede, do desejo sexual e do corpo de um outro. O desejo certamente não é antídoto para a angústia. Seria bastante simples e caricatural quanto uma balança de vida entre sofrimento e desejo. Mais freqüentemente, o homem é confrontado com um imenso sentimento de impotência e é bem isso o que ele diz a si mesmo, já que não tem chave para abrir as portas em que bate chorando. Mas quando um desejo, por mínimo que seja, surge, então o humor se põe outra vez em movimento, baixa a maré, o não-dito perde em súplica para tornar-se discussão: começa-se a se ouvir a si mesmo e a fazer os outros escutarem. Antes disso, impotência e angústia andavam juntas (o que fazem de todo modo no nível sexual) reduzidas a uma espécie de absurdo unicamente sentido e passivo. A angústia é a impotência de ser para outrem. Mas essa impotência, por sua vez, agrava a angústia, na medida em que aí se soma, mais ou menos, a autodesaprovação, a desaprovação por estar nesse estado. Essa desaprovação de si participa do não-dito do sujeito e é longa e minuciosamente debatida na polêmica íntima que se instaura em torno do porquê. (Notemos que a desaprovação em relação aos outros, ao contrário, protege contra a angústia, dá, paradoxalmente, razões para viver, pois ela superestima o amor próprio.)

O paradoxo está em que desaprovação de si, impotência, por serem sentimentos relativamente mesquinhos, também não permitem evitar a descida aos infernos abissais, o silêncio. Se são insuportáveis, introduzem, no entanto, uma escala de valores, qualquer coisa a que se agarrar, um grau a menos que o não formulado total e totalitário, pois nada é pior que esse silêncio indizível e indescritível, onde tudo é somente horror, fera oculta espreitando a presa que já sabe que será devorada.

Assim, apesar dos termos perigosos e humilhantes do debate interior, o não-dito, crítico irredutível e incorruptível, constrói um espaço onde se nutre a vida do homem angustiado. Em seu movimento paradoxal, ele exaspera e autentica o sofrimento ao mesmo tempo em que lhe dá os argumentos furiosos ou racionais para ceder lugar aos compromissos vitais. Esse debate é perverso, posto que instala fetiches, só legitima as passagens ao ato, pelo menos as desculpas e outras justificativas que permitem, tarde demais, existir, veste de outra maneira aquilo que no corpo físico do sujeito é feiúra ou inferioridade, enquanto edifica um modo de utilização que permite a vingança, até à escravidão do outro. Como todo não-dito, ele é espelho feroz e servo fiel que sugere, traça o caminho, dá confiança, consola, indica como passar o veneno para outra pessoa. Lamento compadecido ou solilóquio desapiedado, o não-dito seleciona o recalque, recalca o selecionado, age como uma bomba, um pistão, ao mesmo tempo evanescente como fumaça. Ele é fala, discurso, mas dentro de uma atmosfera. Não se pode isolar essa torrente de sua atmosfera, mesmo quando se torna organizadora de uma contra-ofensiva. Ele é parte carnal, visceral, umbilical da angústia que faz nascer, exprime e demole no mesmo tempo e no mesmo espaço, mas, ao contrário, ele não se reduz à angústia e a angústia não se reduz a ele, pois a angústia está aqui e ali, fora da linguagem, dentro da linguagem, dentro do mesmo movimento que aí a introduz e daí a retira. Assimilar a angústia apenas ao discurso, seja o do inconsciente, é terrivelmente limitador. Como são redutoras as posições que a remeteriam seja a um fenômeno bio-físico-químico, seja, ao contrário, apenas ao produto do imaginário. A angústia, assim como o desespero, é terrível e solitariamente humana, sensata e insensata; ela abre as portas do impossível que o homem anima, depois combate com as portas do possível. Ela é arcaica, proteiforme, magma aracnídeo, essa fera que lhe toma inteiramente, deixando-lhe ofegante, de respiração cortada, nu, imóvel, pequeno, incapaz de tudo a não ser ouvir-se no sofrimento. Ela é na mesma medida enigma, além de um hipotético preço a pagar, posto que, afundando agulhas vermelhas de fogo no corpo e no espírito do homem, ela não deixa de ser, em algum ponto, signo de vida e de apelo de vida, desde que a "obscuridade do mundo real" (Georges Bataille) não a tenha precedido e feito apelo à morte.

O NÃO-DITO DA FEIÚRA

A feiúra como fratura interior

Eu fui belo um dia, aos 17 anos. Somente a mãe de um amigo reconheceu, e me disse. Fora isso, fui feio a vida toda. Ou melhor, me senti feio. Por mais que se tenha sinais tranqüilizadores: a declaração de uma menina, mais bonita que a Elizabeth Taylor, mas com os mesmos olhos cor de violeta, que uma noite, numa festa de estudantes, se derreteu em lágrimas e me disse: "Você não presta atenção em mim, você pensa que pelo fato de eu ser bonita, devo ser burra!" Aquela outra mulher que se arruinou comprando casacos de pele para me seduzir. Mas nada adianta, porque, com testemunhos ou não, o sentimento nasce de incertezas da infância, do olhar lançado pela família e os amigos a meu irmão mais velho, mais gracioso, de mil desgraças físicas reais ou imaginárias, mas todas vividas como inferiorizantes, e que nem os anos que passam, nem a análise vivida como "bem-sucedida", nem as declarações de amor foram capazes de aliviar, mesmo se a dor pôde ser mitigada durante alguns períodos ou compensada pelo sucesso. Quem é capaz de dizer à criança míope o que custam os primeiros óculos, quebrados oito vezes no mesmo mês e substituídos *in fine* por um troço que se assemelha a arame farpado? Ou mais tarde, a vergonha aterrorizadora de tirar a roupa na sala de ginástica, porque se pode ter um sexo menor que o dos outros? E por fim, ser chamado por um alegre sádico e de maneira sistemática de "a gorda"?

Talvez sejam necessários quarenta anos de vida para ousar dizer isso (e quantas outras coisas caladas, secretas, humilhantes somente para si), assim mesmo sem ter certeza de que tal desnudamento não vai lhe expor a um golpe secreto, a um assassinato fatal. Portanto, se o segredo é pesado demais para se carregar, o feio deve dizer isso, ainda que seja sob a pressão da psicanálise. Simplesmente porque ele não pode viver permanentemente dois níveis completamente separados e a linguagem continua sendo o lugar da articulação desses níveis. Esta é uma resposta possível para muitos, a questão banal do poder-viver, e inversamente, a do poder-morrer (quem fará um dia a estatística dos suicidas por feiúra?). Fica por definir uma estratégia do dito e do não-dito como possibilidade de viver, mais ou menos, de se aceitar, de se rejeitar, de se superar, mesmo se uma tal exigência não parece necessariamente evidente aos olhos dos observadores para quem, muito freqüentemente, a feiúra é um falso problema. Entretanto, é dentro disso que é ainda mais fundamentalmente marcado, na manutenção dos "brancos", nisso que não é dito, que se faz o elo e se criam as significações. Como diz Henri Atlan, "não-signo de onde saem aparentemente todas as significações..." Como é que se poderia, a sangue frio, falar da feiúra, da Sua feiúra, quando se coloca em questão tudo o que faz a vida de um homem, sem tratar dos cortes, dos indeterminados que afinal deixam as perguntas sem respostas, condição indispensável para uma sobrevivência que não seja melancólica e suicida?

No fundo, não existe certeza que não seja a da feiúra. Ela pode ser ocasionalmente questionada, suspensa, enquanto que a beleza, por uma cruel virada de situação, espera, esta, uma extinção, que ela sabe que é inevitável e que remete à sua irmã feiúra enquanto realidade última. Nenhum voluntarismo pode nada aqui. Se esta verdade escapa a toda iniciativa intencional, também o "tempo vivido" da beleza é, qualitativa e quantitativamente, infinitamente mais forte que o da feiúra e, ao inverso, o sofrimento da feiúra é incomensurável em relação ao da beleza. Ou seja, só se pode vivê-lo no silêncio, no não-dito, já que, exceção feita a Quasímodo, só a beleza se proclama e é aclamada. Admitamos, entretanto, que em alguns casos sutis de exceção, (penso no cantor Gainsbourg), as relações sadomasoquistas do feio e de seu público podem se inverter num retorno turvo ao não-dito perverso de cada um. (Cada um que se assegura como pode quanto à própria grandeza de espírito e quanto à própria feiúra no obsceno desejo contraditório de ir até o fim do abandono e, no extremo, de poder se espojar no próprio dejeto.)

O não-dito da feiúra é, definitivamente, um dito, na condição de que se leve em conta, por tolerância mútua e cumplicidade subjetiva, os brancos do dito, suas usuras, que fazem pensar que... Essa estratégia, um tanto paranóica, traz à verificação um papel fundamental: os "brancos" as "usuras", deixam a palavra ao outro, que de alguma forma fica com a sua vida nas mãos, por sua faculdade e seu desejo de ouvir aquilo que você propõe sem poder dizer. De todos os não-ditos que se podem analisar, aquele que tem a ver com o físico é também aquele que certamente mais reclama um interlocutor, que se exprimiria somente em *braille*, por apalpadelas, expressão suprema de um desejo que anula o sentimento da feiúra. O rosto do outro se torna, segundo a expressão de Roland Barthes, "um rosto escrito", que responde a uma idéia fixa: a idéia da feiúra. Mas como em todo sistema paranóico tudo tem de recomeçar assim que, no acme da escansão, já comece o retorno, a descida na direção desse monólogo invisível de si consigo mesmo, sem que a leitura no espelho nada possa fazer a respeito. Deve-se ainda lembrar que o sentimento da feiúra é relativo. Os grandes viajantes sabem disso bem (será esta uma das razões de suas viagens?): um sexo masculino pode ser honorável na Ásia e ridículo no Brasil, por exemplo, enquanto pode ser desejável o buda redondo cinqüentão num país assim, onde se morre de fome, ao mesmo tempo em que semelhante corpulência leva ao suicídio no Ocidente. Infelizmente, os grandes viajantes não chegam a formar uma legião, e a imensa maioria das pessoas se apega às normas de seu mundo. (Diga-se o que for da tradução do desejo, e o desejo não se prevê, não é ordem previsível, mas ao contrário, desordem, instantâneo, imediato que se exprime sem disfarces escrito no rosto, sem que se possa jamais ter consciência de uma harmonia preestabelecida entre um e outro.) Tanto um desejo compartilhado, ou reconhecido, permite ao discurso interior a construção de uma ordem, quanto, de maneira oposta, a inexistência de um desejo que se deseje pode pulverizar a ordem que uma pessoa levou anos até séculos infinitos, em termos de "tempo vivido" para construir. É dizer mais uma vez que o não-dito da feiúra é um não-dito movimentado e em movimento, que mais que qualquer outro, e por mais paradoxal que isso possa parecer, se articula num diálogo com o não-dito, com o branco, as usuras do outro, interlocutor mudo ou falante, que permite, com uma repetição da necessidade e uma necessidade de repetição (como no caso do drogado), a utilização permanente de uma verificação que nada verifica senão o instantâneo.

Um empreendimento canibal

Apenas excepcionalmente o feio é capaz de estar seguro, se ele sabe manipular a alma humana e aquilo que permanece em cada um, o inferno pessoal vivido na adolescência, quando começa o confronto com o desejo do outro. Os feios inteligentes podem sobreviver em função disso. Quanto aos feios burros, coitados... Isto é, seja como for, o homem vive, com seu não-dito estético, altos e baixos, fases horríveis em que nada tem valor e instantes em que Quasimodo se transforma em Antínuo.

E mais ainda, se o feio é sutil e conquistador, ele porá todo um *savoir-faire* a serviço de um certo não-dito: transformará em escravo o belo, cuja inocência será pouco a pouco captada, ou por uma dedicação senil ou por uma dominação arrogante nascida da fortuna e do meio social. Mal ou bem, o belo se sentirá devedor ou dependente do feio. Para que tal projeto seja bem-sucedido, é preciso, evidentemente, uma censura absoluta sobre o desígnio de apropriação do feio e sobretudo sobre seu desejo de vingança, sua vontade de devorar a beleza do outro (fazer de modo que o público admire e não possa compreender o porquê e o como de tal encantamento). O não-dito mobiliza para o seu proveito a mais sutil alquimia da psicologia humana, utilizando alternadamente o sadismo e o masoquismo de um e de outro, os sentimentos filiais ou de gratidão, sem jamais exprimir qual dos dois é o perdedor em casais desse tipo.

Tal acasalamento pode, entretanto, se basear no cinismo a dois, compartilhado — pelo belo e pelo feio — de acordo com uma dramaturgia faustiana, o belo vendendo seu corpo e sua alma ao feio o suficiente para que este se beneficie, porém não tanto que não deixe em seu lugar o sofrimento e a dúvida do feio. Assim, a dose de dor extasiante, fará surgir no feio uma outra versão do não-dito: "Será que isto vale a pena?" ou "Será que ele (ela) me ama pelo menos um pouco?" Tortura com múltiplas tentativas de verificação que não pode ser apaziguada jamais, posto que toda pergunta está evidentemente proibida. E se, por infelicidade, ela fosse formulada, remeteria irremediavelmente à dúvida e portanto à tortura, tendo como prêmio o dom de um novo gozo, de um novo poder do Belo.

De consolos ilusórios

Todas essas questões umas mais torturantes que as outras, ocupam o espírito do feio. É verdade, ele pode estar engajado numa série de reivindicações sociais, ascensões múltiplas, poderes, sadismo institucional etc. Ele pode, até mesmo casado, viver na dedicação admiradora para com toda uma família, se proibir qualquer olhar para o exterior, qualquer aproximação do desejo do outro. Mas a velha ferida enterrada despertará por si mesma num momento muitas vezes inesperado. O feio sabe, ele jamais perdoa nem esquece (eu conheço um chefe de Estado africano que se derramou em sedutores oferecimentos a um companheiro de juventude para fazer com que este voltasse ao país, ou melhor, fazê-lo sofrer até, afinal, estrangulá-lo. Seu único crime tinha sido, quando estudante, o sucesso com as meninas que o outro não tinha!) Definitivamente, o feio nunca está em paz. Raramente relaxado, não tem igual na ruminação. morosa. Essa atitude é reforçada ainda pela inclinação dos feios a se reunirem em corporação: sempre me impressionei, por exemplo, com a tristeza dos membros de orquestras de música clássica e de corais. A prática do belo sublimado aparecendo muitas vezes lado a lado com problemas pessoais não necessariamente sublimados, sem que se possa entretanto afirmar a existência de uma intencionalidade não consciente na escolha de tais profissões.

O feio tem outros recursos para se consolar e pode-se botar na conta da solidariedade dos feios, embora um imenso não-dito encubra essas práticas, a criação de diversas instituições tais como a prostituição e os bordéis. Quem dirá a angústia, o suplício, antes de abordar a ou o prostituído, as mil iniciativas e compromissos antes de fazer a escolha, que nunca será escolha sua, já que ele tem necessidade de manter seu compromisso com o próprio masoquismo? Desse ponto da vista, o salão dos bordéis é um notável laboratório social, com anfitriões e anfitrioas que não são "verdadeiros" prostituídos, mas que se pode, de qualquer forma, "ter", se se paga um pouco mais caro, a título "excepcional", é claro, permitindo assim ao feio ou ao complexado (que são muitas vezes a mesma pessoa) acalentar a ilusão de ter ousado mais e de ter obtido uma vitória sobre si mesmo. Sem chegar até esse ponto, o inventário de múltiplas escolhas de corpos jovens e belos, de rostos muitas vezes tristes (pior seria se fossem indiferentes!), permite ao feio dizer-se que ele obriga o outro a vender-lhe sua beleza (coisa que, em outros locais e em outras épocas, ele jamais teria feito) e que ele, o feio, é forte o suficiente e rico o suficiente para comprar, quando quer e onde quer, a beleza do mundo!

As escolhas se complicam quando, apesar de um e apesar de outro (mas com um desejo de um e de outro), passa (mais freqüentemente do que se pensa) uma nota sentimental numa relação que não é feita para isso. É uma cilada dolorosamente extasiante que se forma. Presos na armadilha de um não-dito que os impede de exprimir aquilo que são, na verdade, perdidos, um e outro, tanto um como o outro com medo de ser enganado, o senhor temendo perder aquilo pelo que está pagando e o outro temendo baixar a guarda, para ser em seguida mandado cada vez mais à sua verdadeira condição, se esforçam os dois, na maioria das vezes, para pôr fim a essa situação.

Na realidade, esses meios de fazer as pazes consigo mesmo raramente são satisfatórios, mesmo quando permitem arrumar espaços de relativa felicidade que autorizam ao feio viver. O resultado é que perdura uma dimensão trágica do destino do feio quando "o sentimento pânico da vida" (Régis Debray) registra o atoleiro de uma existência sem graça (em todos os sentidos do termo), mesmo se ela não é vazia de ambição. Esse sentimento do trágico — passar toda uma vida sem poder satisfazer o mais essencial dos desejos, o de agradar a si mesmo — pede um debate shakespeariano: ser feio ou não ser feio. Essa intimidade com a morte, sob todas as suas formas — o suicídio, a hibernação contínua, a organização metódica da mediocridade — é o segredo mais íntimo, o mais indizível que há, inclusive na psicanálise. O peso das palavras e dos silêncios não soluciona praticamente nunca o peso que se tem sobre o estômago, o peso acumulado dessa extralucidez sobre si mesmo que leva ao silêncio mais obstinado, mais absoluto, através do qual se nota a distância entre aquilo que pode ser suavizado pela fala e que é da ordem do sintoma e aquilo que não o pode ser, o que é "natural", não surge de nenhuma terapêutica, de nenhum exorcismo. O não-dito está nessa íntima convicção de que em definitivo ali está a verdade última, que sempre triunfará. Lá onde existe essa íntima convicção, as palavras são frívolas, embora possam nutrir algumas ilusões e permitir algumas seduções. Goya soube colocar ternura e simpatia comovedoras em sua representação dos Bourbons da Espanha, mas não pôde, ou não quis, mascarar, em seu gênio, a verdade da alma de uma família, tal qual ela se desnuda sob a pálpebra pesada demais, o nariz demasiado largo e lábios que pingam. Os Bourbons, por mais que sejam reis e príncipes, levam na cara as desgraças do mundo e a falta de inteligência deles não chega a ser suficiente para que possam mascarar-se a própria decadência, sua feiúra ridícula. No caso dessas pessoas, sabemos qual é o segredo de família agravado pela consangüinidade. Mas no caso de tantas outras que se tornam suspeitas em função apenas de seu aspecto, o que podem dizer-se, se suas imperfeições explodem à luz do dia debaixo do olhar de outrem, e se o outro mais ou menos perspicaz traz à tona a fissura interior? Elas não têm o álibi da história nem o recurso do poder. O sofrimento delas só pode produzir neurose. Os clínicos nunca escreveram uma semiologia da neurose da feiúra. No entanto, essa neurose se espalha, tem início na infância, desabrocha na adolescência, toma formas crônicas na idade adulta para, afinal, cristalizar-se na velhice. Ela se apresenta sob duas formas clínicas: a forma impulsiva e a forma compulsiva. Na primeira, o sujeito procura verificar a todo custo que ele não é tão feio assim, enquanto que na forma compulsiva ele só cede à tentação da verificação após um longo combate interno entre o não-dito acumulado e aterrorizador, preocupado em relação aos mil castigos com que será paga a passagem ao ato, e um superego que incita a tudo tentar para ver se está tão longe da beleza.

Quanto às repressões sociais dessa neurose, seria inconseqüente negligenciar a semiologia. Há conivência entre as neuroses de feiúra (o que não exclui a competição, o ciúme e a guerra) para dominar, humilhar e, na pior das hipóteses, recuperar a beleza. O ofício de manequim, por exemplo, é aparentemente fantástico. Ele está, no entanto, constantemente submetido à idéia de que um dia aquilo vai se acabar. Não será surpresa, se se conhece esse meio, descobrir nele um grande número de toxicômanos, de suicidas e, à flor da pele (a não ser que se trate de burrice triunfante!), a angústia de ser e de não ser mais. Entre essas criaturas de "sonho", descobre-se, mais uma vez, um imenso não-dito, metamorfoseando seres triunfantes em bonecos mais ou menos controlados pelas neuroses de feiúra. Existe uma regra secreta para a perpetuação desses poderes: que isso não seja nunca dito e permaneça no domínio do não-formulado. Pode-se exprimir motivações como o ódio ou o ciúme, é indecente e inconfessável (a não ser quando se faz disso ofício, como Serge Gainsbourg) dizer que se quer reduzir alguém à escravidão ou levar à ruína e ao desespero simplesmente porque é belo.

A neurose de feiúra pode também, é verdade, sublimar-se, especialmente quando aí se mistura o talento. É verdade que Monsieur de Clérambault se suicidou. Mas esse anão genial, com suas tiradas fetichistas (e que deslocamento o de preferir o objeto ao ser, porque se tem de menos dele) esclareceu a loucura através de seus próprios problemas, de uma maneira surpreendente e quase insustentável. Eu não sei se Georges Bataille era feio, mas estou intimamente convencido de que tinha o sentimento de o ser, o qual o levou à última instância da "experiência interior", a se aproximar do mais próximo, do não-sei-o-quê e do quase nada (tão bem descritos por Jankélévitch), do desejo e da desonra, da possessão e da impotência, saber secreto que só possuem aqueles que são, do nascimento até à morte, confrontados com a fenda interior e adquirem mais ou menos essa aptidão de desnudar, no mais profundo, a dor moral e psíquica no outro, para levá-lo à desonra, que é, de uma certa maneira, deles própria. Pois o tempo vivido de sua própria feiúra tem apenas uma dimensão estética. Já insistimos muito sobre a relação do desejo e da feiúra e sobre a construção sadomasoquista que ela acarreta. Ainda falta, no contexto da desesperança, levar em conta impulsos de auto-rejeição, de desvalorização de si, com negação das capacidades intelectuais. Do mesmo modo que há nos asilos ou outros lugares falsos débeis (freqüentemente também marcados por desgraças morfológicas), existem muitos falsos imbecis e falsos tolos, que assim ficaram numa atitude mórbida, autodefensiva, ou pela condição de vítima ou de borralheira atribuída pela turma. A gente se surpreende quando entra na confiança de tais seres, tesouros de bom senso e de observação que eles puderan acumular a partir de seu "corpo vivido" (Régis Debray).

O último dos justos?

Entre os feios, mais que quaisquer outras pessoas, com exceção dos doentes incuráveis e dos toxicômanos, há, além das palavras para dizê-lo, um extraordinário encontro na intensidade e na cinética, do corpo vivido e do tempo vivido. O tempo se vive dolorosamente no corpo e pelo corpo, num estado de nudez que nenhum véu ideológico vem mascarar. Esse encontro não exclui, muito pelo contrário, (aí está um avatar do desejo de poder e de vingança), a maldade. Se há feios que se fazem desaparecer numa pseudo-imbecilidade, que tira qualquer credibilidade de sua fala, se outros ainda têm algum poder, um bom número dos feios tem como único recurso a maldade: é conhecida a lenda das carolas, solteironas, cheias de devoção, que assassinam fulano ou fulana com "rumores", mas é também verdade que a ruminação interior de muitos feios lhes faz ver, quase sinceramente, o mundo exterior como mau e as pessoas que o povoam como intrinsecamente perversas e hostis. Não possuindo as palavras que lhes permitiriam seduzir ou fugir, verificam, numa relação de perseguido-perseguidor, a hostilidade do mundo exterior que eles ao mesmo tempo provocam. Esses estados são alimentados pela ruminação incessante sobre sua desgraça e infelicidade, e sobre a injustiça da sorte que lhes é reservada, apesar dos tesouros de gentileza, de inteligência, que possuem e ninguém quer reconhecer.

O sentimento de injustiça é o princípio motor do não-dito do feio. Ele toma corpo na fratria em que é alimentado através dos elogios aos outros e, pior ainda, por aquilo que ele acredita revelar, com ou sem razão, preferências marcantes em relação a esse ou aquele irmão ou irmã. Para dizer a verdade, nem sempre há paranóia nesse sentimento: conheço famílias onde a morte acidental do "belo" tornou irmãos e irmãs culpados de existir. Se esses irmãos e irmãs são capazes de formular que eles e seus pais prefeririam que eles estivessem no lugar do defunto, ninguém pode ou poderá jamais dizer que era porque era o mais belo e que o incesto circulava no interior dessas famílias. Mesmo aí, o sentimento de injustiça se aninha no sacrifício impossível e na inaudível pergunta do porquê de uma tal preferência. Não há, como dissemos, sonho voluptuoso o suficiente que apague tais situações. O medo de sofrer mobilizaria todos os anestésicos reais ou imaginários, é no momento mesmo em que menos se pensa nisso que o sentimento de injustiça volta à tona, ainda mais porque alegres comadres estão sempre presentes para exaltar os méritos de um fulano, tão modesto, apesar de seu sucesso e de sua beleza.

O sentimento de injustiça é tão forte e tão permanente que obriga as religiões e os teólogos a inventar em contrapartida a noção de justiça imanente, de paraísos futuros que, de algum modo, organizam, no além ou em outras partes, a possibilidade de uma vingança: "Felizes os simples de espírito, as portas do paraíso estão abertas para eles." Compreende-se que aí não se trata apenas dos simples de espírito, mas dos pobres e desgraçados, pois os últimos serão os primeiros. É interessante notar que na nossa época de ateísmo e de ciências, as vias da vingança também presentes utilizam outros acessos reais (a cirurgia estética, em especial para as mulheres ricas, feias ou envelhecidas e que acreditam adquirir a imortalidade da sedução) ou imaginários, como os filmes de terror como *A noite dos mortos-vivos* onde os feios, ainda mais feios pois estão mortos, saem em perseguição dos belos, vivos que gozam a vida. Seria preciso poder interrogar o inconsciente e o subconsciente, mais ou menos censurado, do autor do cenário, do diretor, mas também dos intérpretes e do público, para saber o que circula neles, especialmente do velho medo da vingança dos indigentes, isto é, da vingança dos feios contra aqueles que têm todos os direitos porque são jovens, ricos e belos! O sentimento de feiúra não pode criar a passividade. Para conseguir viver com ele, é preciso um permanente combate interior que se traduz em alguns num sentimento de abandono moroso, em outros, na maldade, e naqueles que o conseguem, na conquista de um poder qualquer. Nada pode, entretanto, frear um questionamento mais ou menos lancinante em relação à atividade do outro. Do mesmo modo, a propósito, que o questionamento simétrico dos muito bonitos (que se recorde Marilyn Monroe) que estão sempre se perguntando se existem enquanto seres humanos ou se apenas são desejados enquanto objetos.

O extremo da experiência interior

Nada se compreenderia das reações às vezes paradoxais dos feios se não se tivesse em mente a permanência desse não-dito, essa suspeita e essa falta de confiança, em si e nos outros, essa constante verificação das reações dos outros que conduz a todo tipo de reação paradoxal e de provocação inesperada.

Pois se um feio lhe arma uma cilada, estende suas redes em regiões que são desconhecidas para você, pois aquilo que ele quer verificar não tem tanta importância a não ser para ele próprio, e é muitas vezes difícil perceber com que despropósito ele vive o seu problema, que nenhuma solução satisfaz, mas que o impulsiona a se superar se ele possui os meios intelectuais. A feiúra é um motor extraordinário para o sucesso, sempre ultrapassado porque sempre insuficiente.

Prender-se a alguém ou a alguma coisa é um fardo pesado se é permanente. Os feios são pessoas cansadas (o que reforça seu sentimento de injustiça). Eles travam um combate incessante, mais perigoso na medida em que, a não ser em extremos íntimos, nada deve transparecer no exterior. O partido tomado só pode ser censurado, e a vingança exclui todo sentimentalismo que poderia sobrevir se o suposto adversário se revelasse não ser absolutamente um adversário. Nosso sujeito fabrica para si pouco a pouco uma moral de uso estritamente pessoal, da qual apaga ou descarta os aspectos imorais a partir do momento em que se oponham ao sentimento de injustiça.

O feio é de boa fé, pelo menos para si mesmo; além disso, ele será beneficiado por uma cumplicidade relativa dos outros feios, ainda que freqüentemente, como no caso dos judeus envergonhados, alguns feios se separem ostensivamente de seus iguais, acreditando em que assim estão pagando o preço da entrada no clube dos belos ou pelo menos no clube dos normais. (Todo o mundo sabe, no entanto, que se a pessoa foge do natural, este volta a galope, como na anedota judia do noivo citada por Freud em *Os chistes*, na qual o compadre do noivo, tomadas todas as precauções, não consegue reprimir, no momento mais inconveniente, o lapso que sublinha a desgraça da prometida: "e que corcunda ela tem", essa noiva, dotada de todas as outras virtudes possíveis, que ele exalta até o momento em que exprime o proibido, que impedirá a conclusão do caso.)

É esta a sorte que espera todo feio e que ele próprio espera sempre. As palavras "que só servem para fugir" (G. Bataille) lá estão, no interior, reunidas umas às outras sem jamais chegar à convicção íntima de que a feiúra não tem nenhuma importância!

Que não se diga que a ascese é a maneira de evitar o peso da feiúra. A ascese é tudo, menos silêncio de si consigo. É improvável que esse solilóquio não leve, nem que seja uma vez, ao erotismo, e o asceta feio não pode deixar de se interrogar sobre a sua ignorância do erotismo, recusa livre e voluntária, ou álibi sublime ao seu medo do confronto. O asceta sabe, como diz G. Bataille, que ele não vai até o fim do possível, pois o fim do possível é "o homem inteiro não mutilado".

Decididamente, não há possibilidade de trapaça: não se pode ser estranho a si mesmo. Aí está o artista que testemunha pela abordagem última da obra (e até mesmo da obra-prima) que alguma coisa é inatingível para sempre. Mesmo o belo é feio em algum ponto. Não se conhece beleza imóvel, o que seria a perfeição, e o paradoxo está em que existe feiúra em algum lugar do belo, que o atormenta tanto quanto a corcunda pode atormentar Quasimodo. Se o feio soubesse que o belo pode se sentir como ele, sua tormenta se acalmaria um pouco. Na verdade, se ele soubesse disso, não ia querer acreditar, tamanha é sua necessidade de só considerar a diferença e a crueldade do destino, pois sua razão só pode ser irracional já que toca naquilo que é falta eterna, que é quase da ordem da revelação, no mais íntimo de si.

A desgraça não se supera — no máximo, operações mentais permitem compensá-la, atenuá-la, utilizá-la, fazer sua vingança.

Nenhuma poesia canta a feiúra, a glorifica. Mas a poesia elegíaca está cheia do lamento do desgraçado. Para ele, nada de "cântico dos cânticos". A única criatividade que engendra é a de um exercício às vezes deliciosamente doloroso da perversidade. Se não há poesia para o feio, ele pode manipular, com que duplicidade, às vezes, aquilo que Bataille chama "a perversão poética das palavras", que lhe permite desenvolver ou sofrer uma dominação. Mas mesmo levada ao extremo, é da natureza das coisas que ela empaque na experiência sensivelmente pessoal da feiúra, como empaca aí qualquer explicação lógica. Nisso, a possibilidade perversa se esgota, por sua vez, não serve mais de barreira ao desgosto, aumentado ainda com o peso dos atos e das palavras perversas. Os clínicos sabem disso: a perversão está próxima da melancolia, quando a desaprovação de si invade um sujeito, o suicídio não está longe, porta aberta para uma solidão sem graça. O suicídio permanece sendo, no entanto, um extremo reservado àqueles que ousam ir ao fim do possível, enquanto que a maioria se contenta com a covardia ou nutre uma esperança, ou ainda se engana contra a angústia e a dor. Felizes aqueles que acreditam em Deus ou num além. Então o não-dito se transforma em diálogo com o suposto criador, a interrogação sobre a injustiça lhe é destinada, existe alguém a quem endereçar a súplica.

Quero muito crer que Deus responde àqueles que acreditam Nele e libera o homem de seu silêncio falante. Mas não se pode ir mais longe: se, no auge da angústia, da súplica e da ascese, se entra no Santo dos Santos e apenas se encontra o vazio, o que resta então?

Mas existe um outro caminho, o da zombaria e do riso, como o equilibrista na corda bamba brinca com a morte. É possível imaginar alguém que ri até o último momento de sua vida? E que drama quando o riso falta, quando aquele que se diverte vê o engano em sua própria zombaria, ele se vê de volta à melancolia.

Ascese ou escárnio, gênio da arte ou ditador sádico, o feio tem mil maneiras de escapar de sua condição. Mas para os outros, não para si mesmo! Esses subterfúgios o ajudam a viver, muitas vezes a viver bem. Uma única coisa pode salvá-lo se força a sua convicção: o amor de um ser, adulto ou criança, que transforma, com toda sinceridade, sem nenhuma restrição, sua feiúra em beleza. Então, rompendo o silêncio, aparece a possibilidade de transgredir o impossível.

SADISMO E MASOQUISMO. O NÃO-DITO

O sadismo e o masoquismo: o desejo fascinado diante da estrela, e o desejo não menos fascinado de sua queda, da alegria diante da queda, e a nostalgia anterior à queda. Ou ainda a inveja feroz que se tem do amante da amiga ou do amigo, da qual se conhece a perversidade, de outras formas, ou pior ainda, o desprezo que ele tem por você. Tudo isso que é impossível dizer, obrigatório censurar, portanto, dissimular. O não-dito obrigatório dos sentimentos ambíguos, do desejo de ser submetido e humilhado, mas sem perder demais a dignidade e a honra. O não-dito daquilo que se sabe do outro e daquilo que o outro sabe que se sabe, teia de aranha da estranha cilada da relação sadomasoquista.

A explicação psicopatológica de tais situações ou sentimentos, pelo viés da causalidade, assassina a possibilidade da emoção-gozo que uma tal relação de forças busca. Pode-se, a rigor, descrever aproximadamente, mas é extremamente difícil, se não impossível, formalizar pela linguagem, já redutora em si, e que tem como função canalizar o fluxo caótico, incoerente, irracional, dos sentimentos, das sensações ambíguas, contraditórias e constantemente em movimento que se vive e se sente. Por exemplo, é perfeitamente possível para um psicanalista explicar o como e o porquê da engrenagem sadomasoquista, mas ele é, ao contrário, incapaz de explicar, até mesmo de sentir, a intensidade do fluxo emocional contraditório do desejo e do medo do desejo. Por fim, raramente será por ele negada a causalidade do sadomasoquismo, mas quase sempre a intensidade da emoção, do desejo de submissão ou da pungência da fantasia. Talvez seja essa a razão pela qual certos personagens foram até o êxtase, ontros até o uso de drogas: o LSD e os alucinógenos, pelas visões, as anfetaminas, pelo prazer deliciosamente doloroso da "descida" melancólica; a heroína, pelo prazer arcaico da nutrição sem culpa e tão calorosamente úmida.

Ousar-se-á dizer que o não-dito tem sempre alguma coisa a ver com o "perverso"? Ele é uma culpa de si, carregada em si. Não somente porque aquilo que é censurado tem a ver com a lei real, a qual reprimiria tal ou tal expressão, dita transcrição de uma passagem ao ato, que poria em perigo ao menos uma parte das relações sociais existentes, mas porque a satisfação que poderia ser obtida pela supressão do não-dito seria afetada pela esterilidade: expressão daquilo que é indizível, sua vinda à luz impediria para todo o sempre uma repetição, matando com esse golpe a ambigüidade que revela a não realização do prazer e que justamente constitui o seu charme, o aspecto deliciosamente doloroso do prazer, do qual acabamos de falar. É nesse sentido que a colocação em cena ou a estilização de um não-dito que, individual, transforma-se em coletivo, não somente assassina o selvagem do emocional, mas também não mais permite a esse não-dito (embora ele seja ao mesmo tempo e contraditoriamente liberador) preencher sua função ao lado do gozo ambíguo, função que é e ao mesmo tempo só pode ser elaborada e mal definida, posto que ela se constrói numa relação de forças constante entre a realidade e o imaginário, o evidente e o recalque, o agido e o sonho desperto, até mesmo alucinado.

O não-dito está sempre preocupado com o futuro, que aí toma, na maioria das vezes, a forma de uma sanção. Essa sanção pode ser apenas o fim do gozo, o qual não se realiza verdadeiramente senão com a condição de se extinguir. Mas, ao mesmo tempo, há sempre alguma coisa de objetivo na sanção esperada. Ela tem a ver com a realidade da relação de forças. Em todo não-dito, há uma parte de ficção e uma parte de realidade. A partida é difícil de jogar para o sujeito que nunca sabe muito bem até onde ele avança e qual o benefício que pode tirar dali, além da necessidade "selvagem", irracional, que experimenta de suspender a censura, ainda que para escapar à loucura, botando ordem na desordem. Seja o que for, o não-dito, por sua existência, cria uma espécie de espaço intermediário no espírito do sujeito. Esse espaço é ocupado por um "objeto transicional" psíquico que, como um produto tóxico, busca ao mesmo tempo prazer e desprazer, excitação e depressão, surge do cultural e da emoção bruta. Esse "objeto transicional" é um compromisso sempre instável entre a realização de um desejo, a impossível negação de uma situação precisa na realidade e o combate a se travar para encontrar vias apropriadas para a satisfação do desejo que não sejam vias diretas ou simples, as quais acarretariam uma catástrofe que o sujeito tenta justamente evitar. Salvaguarda da identidade não censurada do sujeito, ele é, contraditoriamente, anulação, posto que introjetado, ele não permite ultrapassar num combate real uma situação objetiva, da qual ele não é o senhor, embora sonhe em sê-lo.

O ciúme é o exemplo típico desse espaço psíquico intermediário, gerador de situações artificiais, como impedir uma futura estrela de tornar-se estrela, fazer com que ela saiba disso, para que venha a ser a sua coisa, assim invertendo uma situação real; mantendo contatos suficientes com a realidade para saber que, mesmo se lhe fosse possível tornar-se estrela, o sujeito não ousaria, em razão de censuras diversas ou de uma imagem ideal do eu grande demais, e portanto à altura dos sofrimentos que o esperam; desse modo, ele ganha algo no jogo sadomasoquista em que se envolveu. Um ciúme expresso sem rodeios anularia qualquer possibilidade de tirar vantagem dessa construção. Somente a manifestação indireta por sinais com valor de mensagem pode, nesse exemplo, edificar um espaço satisfatório, permitindo ao jogo do imaginário se soltar ao mesmo tempo em que "salva a face do sujeito".

O não-dito é hipócrita, ele é muitas vezes não-dito por convenção, acordo mútuo mais ou menos claro, frouxamente resignado ou mais ou menos aceito pela sociedade enfim obrigada a testemunhar com geometria variável uma tolerância, como por exemplo, em relação à homossexualidade, cuja aceitação pára diante da pedofilia, mas cobre o travesti, até a "bicha" caricatural, enquanto que o verdadeiro andrógino está proibido, na medida em que ameaça a lei. A caricatura do andrógino, a "bicha", só não é admitida porque é extrema e permite, assim, aos outros, situar-se em relação à lei. Estamos apontando, mais uma vez, para a intensidade da ambigüidade afetiva que é a chave de muitos dos problemas psíquicos, quando estes não são compartilhados limpamente entre "o interior" e "o exterior", quando são elaborados debaixo dos nossos olhos, passam por mudanças perpétuas e não participam, ou não completamente, de uma elaboração estrutural.

O não-dito surge desse tipo de processo ao mesmo tempo instável e permanente, equivalendo a uma guerra civil psíquica interior que permite suportar a provação da realidade exterior e a provação da realidade psíquica interior por uma série de compromissos ambivalentes afetivos e emocionais, antes de tornar-se sentido ou de dar sentido. Não há aí desdobramento do eu. O não-dito, em geral, não tem nada a ver com a psicose. Bem pelo contrário, ele é o remédio que protege contra a psicose ou qualquer outra forma de alienação maior. Com ele, a alucinação é domada graças ao ritual, ao jogo trágico ou cômico. Se há um não-dito do clã, do grupo, do bando, da comunidade, antes há elaboração de um modelo pessoal, com o qual o sujeito é capaz de se virar, mesmo se a verificação de cumplicidades externas é evidente, em especial na luta contra a loucura. O não-dito é ao mesmo tempo ofensivo e defensivo, exigente e reservado, desejo secreto de verificação e de não-satisfação, como o é toda organização do sadomasoquismo. Entretanto, na ausência da passagem ao ato, se resta apenas um fato psíquico interiorizado, ele está arriscado a tornar-se perigoso, alucinatório e/ou paranóico. Será necessário que ele encontre, como o sadomasoquismo, uma forma mais ou menos simbólica ou desviada da passagem ao ato. Ainda falta distinguir entre as explosões e a panela de pressão psíquica, nos exatos momentos de situações afetivas dadas e nos movimentos a longo prazo a exemplo do ritual religioso, fetichista ou extático, que serve de válvula de escape permanente para os escravos.

Tudo se passa como se o raciocínio infraverbal estivesse reduzido à sua mais simples expressão para lucro dos esquemas, mais brutos, verdadeiros conglomerados de intuições, de raciocínios levados à sua expressão mais simples, de idealizações imaginativas, mais fulgurantes ou mais arcaicas que demonstrativas. De um modo geral, se acredita no "não-dito". Acredita-se muito, muito mais do que oficialmente se tende a pensar. Mesmo se é sofrimento, o não-dito é promessa simbólica e afetiva que permite, com efeito, que se suporte a realidade. Existe, sem dúvida, manipulação nessa adesão, mas também jogo. A adesão é suficientemente controlada para que a passagem à realidade possa ser feita a todo momento. Mas o inverso não é menos verdadeiro. O que é incontrolável é a intensidade da disposição afetiva elementar, do sentido. O não-dito talvez seja conhecimento ou saber, mas é antes de tudo um saber emocional. O não-dito tem seu lugar no ambíguo, o que constitui sua chance de sobreviver, de evoluir, de se adaptar (como por exemplo o extraordinário sincretismo dos ritos "secretos" brasileiros). Jamais vai se inscrever numa verdadeira estrutura psíquica. Se ele se inscreve em algum lugar, é na memória, onde se enriquece com os frutos da imaginação. Memória individual, mas também memória coletiva do grupo. Enquanto objeto mnésico, ele se torna, além disso, fator de integração a esse grupo.

O não-dito não é solidão. Se tem alguma coisa de solidão tem também a necessidade de recolher junto ao outro os elementos de uma verificação, muitas vezes solicitada a meias palavras, por conivência meio secreta. Mesmo se os outros possuem um não-dito diferente, o importante, o essencial, é poder verificar que com esse não-dito não se é louco. Aí está uma diferença fundamental em relação à alucinação patológica.

É preciso admitir ainda que existe um processo de iniciação ao não-dito coletivo, ritualizado pelos grandes "não-ditos" de grupo, mas iniciação sinal-sintoma para os simples indivíduos, que se procuram e tateiam antes de se encontrar, aliviados (um exemplo pode ser dado pela utilização do "verlan" * nas turmas de jovens). Mesmo se, para o exterior, essas pessoas podem parecer em estado de alucinação, elas sabem e sentem que não é nada disso e que possuem o controle mágico da situação, que elas, além do mais, verificam permanentemente, passando da ilusão ao real. Aqui se vai notar ainda uma certa analogia com os efeitos de produtos tóxicos, estes criando e recriando, igualmente como uma necessidade, "altos" e "baixos", entradas e saídas da realidade. Desse ponto de vista, a utilização das drogas nos tempos modernos, onde o verbal não domina mais muito bem a dinâmica dos acontecimentos sociais, técnicos e científicos, parece ser uma criação ainda arcaica de um não-dito coletivo moderno, centrado em torno do prazer e da anestesia, por falta de domínio suficiente da causalidade e da ética necessárias à manipulação dessa causalidade: como as coisas andam muito depressa na realidade, os sujeitos igualmente têm necessidade de algo que vá muito depressa, do produto e de seus efeitos, na falta de utensílios adequados na realidade, para construírem para si um não-dito mais elaborado. Assim, pode-se dizer que quanto mais rápida é a elaboração de um não-dito (aliás, indispensável à sobrevivência), mais esse não-dito se aproxima de uma ilusão, no limite da alucinação, livre para sair dela, para passar mais rapidamente (muito rapidamente, no caso da droga) de um estado a outro. Essa

* Uma espécie de linguagem que consiste em falar tudo ao contrário, como o próprio nome indica: *verlan* é *l'envers* (o inverso) dito ao contrário. (N.T.)

rapidez de passagens tem como conseqüências efeitos perversos, e especialmente o sofrimento à imagem dos estados de falta ou dos períodos de privação entre os toxicômanos, os estados depressivos entre os ciumentos ou adolescentes, que medem o abismo entre seus sonhos secretos, freqüentemente megalomaníacos, e as duras realidades da vida. Em todos os nossos exemplos, a aceitação da realidade não pode ser um fim em si e também não pode deixar de vir a sê-lo. Para que seja assim, é preciso que a ilusão tenha uma intensidade forte, suficiente para que o irremediável das ilusões não leve à morte nem à loucura. Essa força será maior na medida em que outras (se possível vividas como superiores) sejam de alguma maneira obrigadas a aderir à ilusão. Ela será igualmente maior na medida em que a ilusão faça apelo aos sentimentos, sensações e disposições afetivas extremamente arcaicas, incontroláveis por um mecanismo de repressão qualquer mas, no entanto, suficientemente plásticos para se adaptarem às necessidades da realidade. Em geral, o não-dito perde progressivamente em investimento quando a adaptação às necessidades da realidade pode ser feita sem muitos sofrimentos, em especial através do viés de transferências culturais ou ideológicas e sobretudo quando o não-dito tem uma grande conotação sexual.

Mas, em vez de redução de investimento, devia-se falar de investimento e redução de investimento alternados, em espelho, de ciclos mais ou menos regulares, de estados de graça obrigatórios, indispensáveis à sobrevivência do indivíduo, sem constituir, no verdadeiro sentido da palavra, defesas. Com isso, esse sistema permite a coexistência de dois tipos de dependência: um, com aquilo que está no interior, e o outro, com aquilo que está no exterior. Vamos lembrar que, quanto mais o sistema interior é predominante (isto é, quanto mais o afetivo e o arcaico se sobrepuserem à causalidade), mais o sujeito estará predisposto e disponível para uma verdadeira dependência toxicômana. Por outro lado, uma alternativa relativamente bem equilibrada autoriza uma surpreendente adaptação à vida, mesmo em condições extremamente duras (sobrevivência melhor dos "ideólogos" nos campos de concentração, por exemplo). O não-dito é então uma extensão das técnicas de adaptação, mas seria ridículo limitá-lo a isso. O não-dito não é somente útil, ele não tem função definida. E acima de tudo, não tem função assim redutora, Há algo de gratuito nele, como é gratuita, por exemplo, a poesia. Ele existe no prazer e na dor para lá de toda função. E só o pode ser enquanto negação da realidade; mais ainda, enquanto negação da divisão entre o interior e o exterior.

Estamos em plena contradição, mas é precisamente essa contradição que constitui a riqueza dessa elaboração humana que diferencia o homem da espécie animal, somente capaz de desenvolver dependências bioquímicas. Participando do imaginário, o não-dito não é imaginário; também não é fantasia, apesar de participar da elaboração fantástica. Ele é, para a arquitetura psíquica, aquilo que os andaimes são para a casa: algo frágil e indispensável ao mesmo tempo, sem o que a casa está arriscada a desmoronar. Como os andaimes, pode ter o aspecto da casa, mas não é a casa. Ele também não é apenas decoração, pois sustenta e suporta, e a mínima peça retirada acarreta a queda do mestre de obra.

De modo que, por mais frágeis que sejam os andaimes, eles sustentam uma construção. É preciso, porém, situar o não-dito em ainda outro lugar. Construção, mas como o é um sentimento, ou melhor, uma nostalgia, em movimento que cria obstáculo para outro sentimento: o de uma perda irremediável, de um impossível em algum lugar. Mesmo se ele se torna ritualizado (sob a forma do candomblé, por exemplo), o não-dito se verifica verdadeiro na acuidade do fulgor, no golpe de punhal dolorosamente delicioso onde ele se constitui como evidência e como única realidade circunferente para o sujeito: único instante em que ele está dentro e não tem saída, em que é obrigado, portanto, a vivê-lo plenamente, a sofrê-lo. Pode-se supor que aí está o objetivo último do transe de possuir, nem que apenas uma vez, alguma coisa que, neste preciso momento, não desaparecerá jamais. Do mesmo modo se pode considerar tóda ritualização como uma preparação para esse instante, por mais minúsculo que ele seja, visto do exterior, e que de outro ponto se poderia chamar de êxtase. O êxtase não é a fantasia, menos ainda o sonho. O êxtase é um estado quase mágico onde a fusão do interior e do exterior é total, assim como a desgraça súbita. Essa fusão é ao mesmo tempo vivida e sentida. Tudo isso é incompreensível visto do exterior, se não se apreende a íntima convicção do sujeito e a atmosfera na qual ele se banha (notemos ainda a equivalência com os efeitos induzidos pela droga). Há, sem dúvida, relação de objeto com o real, já que há composição com ele. Mas o que oscila e que não é explicado pela causalidade (em especial a causalidade estrutural), é essa completa mudança de intensidade na atmosfera do vivido do sujeito. É a mudança e não o fato de fantasiar que marca uma modificação de categorias. É verdade, existe o antes e existe o depois, elementos de elaboração, de causalidade ou de racionalidade. Mas esse condicionamento mais ou menos raciocinado não tem sentido, ou melhor, não tem interesse, a não ser no seu acme. Ele será tão forte emocionalmente que se transformará, por sua vez, num instrumento mnésico formidável para o futuro, jamais apagado, jamais reprimido, sempre acessível ao sujeito. No extremo, poder-se-ia dizer que existe um não-dito no interior do não-dito: o mistério. As religiões sempre constituíram círculos concêntricos de iniciação direcionados para um mais além, necessitando esforços e abnegação, saber e isolamento, seleção elitista cada vez mais impetuosa, para alcançar talvez a descoberta do nada. Esvaziar a cabeça de todo pensamento parasita é uma insinuação do pequeno veículo budista. No Midrash judeu conta-se a história dos quatro sábios que, no fim de suas vidas, receberam o direito de penetrar no santo dos santos: um enlouqueceu, o outro morreu, um terceiro se abandonou à luxúria e ao escárnio, o quarto voltou aos estudos. Talvez lá não houvesse nada.

Mas esse nada duvidoso, que remeteria o homem à inutilidade e à falta de sentido da vida e dos sofrimentos, pode se transformar num todo radiante, sem que haja necessidade de sentido nenhum se a sua carga afetiva, a embriaguez do vivido, a satisfação de todos os sentidos, incluindo aí o doloroso-extasiante de um sofrimento masoquista, lhe permitem ser naquele instante ali.

Pouco importa o fator tempo: para alguns, serão necessários anos de preparação e muitos vão se deter muito antes, contentando-se com assumir um não-dito racionalizado e intelectualizado, satisfazendo-se mais ou menos sinceramente com esse não-dito quase rústico, freqüentemente centrado em torno do amor, do ciúme, do sentimento de perseguição ou de inferioridade. Para outros, ao contrário, a imperiosa necessidade de sobrevivência num mundo duro e implacável cujo sentido perderam os levará na direção de um caminho mais elevado e mais difícil de percorrer.

Não estamos discutindo aqui o valor do conteúdo do não-dito. Estamos apontando o lugar e a importância na economia psíquica do não-dito, seja ele rudimentar, arcaico ou elaborado, refinado e sublime. Seja qual for o conteúdo ou o modo de sublimação, ele ocupa o mesmo lugar, como uma peneira entre o interior e o exterior. Mas essa peneira não deve ser compreendida somente do ponto de vista funcional. Pode-se atribuir uma função ao orgasmo, a linguagem permanecerá, no entanto, redutora em relação à intensidade do prazer experimentado, o tempo vivido desse prazer e aquilo que ele traz de específico e de incomunicável a outrem. O mesmo se dá com o resultado pessoal do não-dito para um indivíduo. Lá onde tudo culmina, para o melhor ou para o pior. Se ele tem função, é naquilo que está em volta, na explicação ou justificação dada *a posteriori*. Mas o acme, seja ou não vivido como êxtase, não implica um desgaste de energia psíquica. Bem pelo contrário, há injeção em massa de energia, como uma erupção de vulcão ao inverso. Essa descrição de um não-dito, sistematicamente orientado na direção do êxtase, é na realidade bastante idílica. Isso representa um *must*, um máximo. Mas o essencial é compreender de que movimento se trata, mesmo quando está reduzido a algo extremamente primitivo, até mesmo arcaico, como o sentimento bruto do ciúme. Ele nunca fica lá, bloqueado nesse estágio. Sempre há utilização e manipulação em torno, seja do tempo vivido ou da atmosfera, do prazer ou do sofrimento. Em certo sentido, é essa a função do não-dito: fornecer ao sujeito, através de seu acme, a capacidade de ser apenas sujeito e enfrentar não importa que situação, sem ser obrigado a recorrer ao simbólico, aqui totalmente inoperante, já que o ambiente não pode absolutamente ser manipulado pelo simbólico (se é escravo, ou não se é!). A função do ambiente é justamente a de ser o ambiente que não vai se modificar ao capricho das fantasias ou dos sonhos do sujeito, enquanto que a função do não-dito é a de criar intensidade, um pouco como é diferente ver um fogo queimar e aquecer-se com seu calor. É a intensidade que é fonte de vida, como o espasmo está na origem da dor, e não o conteúdo do não-dito.

Seja qual for o tema, o não-dito nunca é um futuro. Ele pode, a rigor, ter um passado, ou melhor, utilizar-se do passado. Mas se conjuga fundamentalmente no presente, pois ele é em primeiro lugar e antes de tudo emoção e afetividade. Nisso, ele se separa da fantasia, como a poesia se separa da filosofia: uma é sentida, seja qual for o seu sentido; a outra é compreendida e pode não ser absolutamente sentida. Mas ele também não é o sonho, pois sempre há no não-dito uma forma de controle, devido ao confronto permanente com a realidade e à obrigação de uma opção a fazer em relação a essa realidade.

Não é fácil conceber como se entrelaçam os territórios do não-dito e da realidade. Como é que se pode ter dois "tempos vividos" no mesmo instante? Como é que se pode passar de um ao outro sem se dissociar? O aprendizado e a aquisição mnésica, individuais e coletivos, entram então em jogo, com tudo o que aconteceu desde a mais tenra infância até à idade adulta, para levar o sujeito a viver essa dualidade nos dois registros diferentes dos quais não paramos de falar: um, de emoção, de dor, de melodia; o outro de razão e de relação de forças. É óbvio que nada é assim esquemático e que existe o devido raciocínio no primeiro registro e emoção no segundo. Isso permite, aliás, a constituição de espécies de "peneiras" psicológicas, verdadeiros territórios psíquicos intermediários, como há na biologia a membrana celular, onde se efetua a alquimia da troca de um registro para o outro. Pode-se até mesmo falar de criatividade no sentido em que um escritor, um músico, um arquiteto criam uma obra (não é por nada, aliás que figuram com bastante freqüência nas cerimônias ritualizadas exploratórias do não-dito cenas de pseudopartos, mesmo quando o pai-de-santo, por exemplo, é um homem!). Na criatividade, há algo de pré-lógico, introduzindo, como diz Marion Milner, o familiar no não-familiar.

Nenhuma outra atividade além do jogo pode efetivamente criar o familiar dentro do não-familiar e é um primeiro lugar do aprendizado do poder do jogo que o sujeito tem necessidade para adquirir a possibilidade de manipular o não-dito e viver a dualidade da qual falamos mais acima. Mas entre a brincadeira de criança e o jogo necessário ao adulto, para viver os dois registros, há uma mudança do lugar do jogo. A atmosfera do jogo conhece uma escalada rumo à dramatização, à representação, para que esta última possa tomar a íntima convicção do sujeito. Não é o lugar do jogo que é original em si, mas, como no caso dos efeitos dos produtos tóxicos, a absoluta necessidade de aumentar suas "doses" para atingir o efeito desejado: aqui, o deslizar de um registro ao outro. Existe, para cada indivíduo, uma ordem seqüencial e um fetichismo próprios, com que a representação permite deslanchar o estado desejado e cuja ausência será sentida como falta e às vezes vivida tão dramaticamente como ele. A falta de jogo, com a falta do jogo podem conduzir a impasses tão duvidosos como a loucura. Ao mesmo tempo, ao contrário, o jogo deve ter virtudes curativas suficientemente rápidas para enfrentar situações brutalmente mutáveis e que não podem ser confundidas uma com a outra. Compreende-se que se há elaboração seqüencial, há também utilização de alguma coisa extremamente arcaica localizada e experimentada desde a infância mais remota, quando o sujeito começou a descobrir a possibilidade do vaivém (em primeiro lugar com o seio da mãe, depois com os objetos de fetiche).

É essa mistura de arcaico e de elaborado que, tendo valor de experiência, permite a utilização dessa linguagem — não-linguagem — que é o não-dito, cuja natureza mesma é ser ambíguo, nem completamente sonho, nem completamente fantasia, nem completamente realidade, com a presença, ainda, de um lado mágico, de uma criação quase instantânea. Não se ficaria surpreso, também, se se encontrasse toda uma conotação sexual nessa passagem do jogo e na elaboração do não-dito: lembremos aqui o lugar essencial da masturbação, de seu prazer sentido e do lado mágico do fantasiar que a acompanha na vida de todo homem.

Não é uma das raras coisas que lhe restam quando ele já não acredita em Papai Noel ou nos contos de fadas e quando ele se encontra em total solidão (às vezes no sentido mesmo de: como na prisão)? E não é a escalada obrigatória rumo ao sadomasoquismo sexual o momento em que a masturbação se torna ineficaz, esgotando-se os seus efeitos mágicos por essa ou aquela razão?

Como no caso da droga, a noção de esgotamento dos efeitos é essencial, pois a intensidade é primordial; secundário é somente o sentido. Toda ritualização de iniciação visa contornar o obstáculo do esgotamento. Qual a religião que não promete um paraíso ou um inferno, um castigo ou uma recompensa, onde se há de notar que nunca está ausente a composição física, de carne e sangue, e até mesmo que ela tende e se tornar assustadora? (Que se recorde do horror no filme *Saló,* de Pasolini, indispensável para os dignitários fascistas conseguirem atingir o prazer.)

Não se pode, apesar da noção de esgotamento, assimilar o não-dito ao desejo. Ele é menos reduzido e muito mais elaborado que o desejo, mesmo se quase sempre tem uma conotação desejosa. Mas se encontra no não-dito a noção de preocupação (no sentido de inquietação, caro a Winnicott), de inquietação da "peneira" entre o elaborado e o não-elaborado, assim como obrigação de verificação. Em todo não-dito há um perseguido-perseguidor, obrigatório, pois há forçosamente manipulação da realidade, sempre vivida como imprópria para a satisfação do ideal do eu do sujeito ou como impeditiva do gozo. Essa preocupação elaborada é certamente um dos melhores abrigos contra a erupção dos impulsos, a qual seria incapaz de enfrentar esse tipo de situação, podendo chegar até à anulação do sentimento de existência, e mais ou menos, até à loucura, transformando um não-dito racional em não-dito "irracional". O aprendizado do não-dito está, assim, em perpétuo desenvolvimento e em perpétuo movimento; aprendizado daquilo que pode ser dito e daquilo que deve ser censurado. A criança verificará isso em sua preocupação lúdica, em especial no que diz respeito ao auto-erotismo, para descobrir aquilo que pode ser aceito pelo ambiente e aquilo que é aparentemente inaceitável. Nada é menos estável, apesar das ritualizações, que o não-dito. Ele é evanescente, não se situa em lugar nenhum, e no entanto ressurge, apesar de todos os raciocínios sensatos. Nenhuma explicação racional terá resultado, pelo menos definitivamente, mesmo se a explicação parece justa ao sujeito e toma momentaneamente sua íntima convicção. O sujeito sempre encontrará uma situação particular que permitirá, pelos mesmos mecanismos já experimentados, refabricar o não-dito. Seria melhor, aliás, dizer estado (como se fala de estado d'alma), em vez de situação, sem supor necessariamente a existência de um fio condutor causal.

Algumas vezes, aliás, esses estados surgem na desordem, no meio de um caos emocional, que os torna desejáveis e necessários, na medida em que uma autocensura conduziria à angústia. Pois mesmo se provoca sensações deliciosas, às vezes, numa doce fantasia, auto-elogiosa, o não-dito sempre tem a ver com aquilo que é proibido ou inconfessável, e sua criatividade deve vencer os obstáculos que são, por sua vez, criados pelo aprendizado concorrente da lei, aprendizado que visa a criar em todo lugar e todo o tempo um estado integrado, seja qual for o sentimento de si que se possa ter. Como o não-dito é recusa ou impossibilidade dessa integração, ele muitas vezes aparece como um sentimento imenso de punição iminente por um erro que se sabe que existe, mas cuja natureza exata na maioria das vezes se ignora, ou cuja natureza imaginada é desproporcional em relação a seu valor real. Freqüentemente, essa angústia de punição é tão forte que invade completamente o campo da consciência. E aí somente uma interpretação de tipo psicanalítico pode interromper o processo, mesmo se o sentido dado não é absolutamente o sentido. Pois é a necessidade do racional que está em causa aqui. Do mesmo modo que a modernidade tem como função vencer o arcaico, seja qual for o valor do arcaico, para vencer a erupção de um não-dito selvagem, que seria incontrolável, o sujeito é "obrigado" a organizar um sentido em torno dessa explosão, já que esse sentido é certamente mais artificial e mais de fachada que a própria erupção e, com muita freqüência é necessário, na clínica, a não ser que se incorra num erro profissional, ultrapassar esse "sentido" aí, acima de tudo não o congelar em função de uma interpretação, deixar espaço ao aparentemente insensato, reconhecendo ao não-dito o direito de ser desalinhavado, contraditório, até disforme, para que ele possa se constituir e desconstituir ao mesmo tempo. Apreender esse movimento é ao mesmo tempo compreender a importância do diferencial sadomasoquista na constituição desse modo de existência. O sadomasoquismo permite à sensação prevalecer sobre a estrutura, e no instante vivido ser mais essencial que a organização do tempo. Diante da realidade exterior, cuja qualidade primeira é o fato de não poder ser dominada pelo desejo do homem, essa flexibilidade, mas igualmente essa ausência de controle do não-dito, oferecem ao sujeito um refrigério — ainda que um tanto autocomplacente — e o acesso através dele, tão miserável, ao gozo, ainda que ao custo de uma dor extrema. Paradoxalmente, o não-dito (mesmo em suas aparições paranóicas) testemunha uma certa saúde pois é recusa da submissão e do fato consumado.

Entretanto, é preciso que ele permaneça dentro de certos limites. Senão seria a emergência da loucura. Aí está toda a diferença entre o que se poderia chamar de alucinar de maneira objetiva o mundo real e aluciná-lo de maneira patológica

Mesmo aí seria necessário traçar nuances, pois tudo depende, em primeiro lugar, da rapidez da possibilidade de passagem de uma forma a outra, para que se mantenha o equilíbrio sempre instável da saúde. É sem dúvida por isso que, na falta de coisa melhor, alguns sujeitos optam por formas de dependência, na maior parte das vezes dentro da variedade sadomasoquista, para escapar à angústia desse desconhecido: ter que restabelecer a todo momento uma "boa saúde". A dependência aparece como menos perigosa que a obrigação de uma opção ou de uma revolta aberta diante da realidade exterior. Não pode haver não-dito sem realidade exterior. É uma história de casal, cuja relação íntima começa extremamente cedo, desde o final do estado de fusão, onde o coeficiente sadomasoquista será mais forte na medida em que a relação com a mãe foi intensa e a separação, difícil, e que, ao mesmo tempo, os fatores do ambiente são vividos como muito ameaçadores. Então, é quase obrigatório que o não-dito dê sinal de vida e ocupe um lugar importante no espaço-tempo do sujeito.

No extremo limite, quando não há mais nenhuma possibilidade de operar a passagem entre os dois estados, quando a atmosfera do não-dito se torna tão horrível e tão pungente que ocupa todo o campo da consciência, só resta espaço para o suicídio. Pois o paradoxo do não-dito está em que ele é ao mesmo tempo oculto e deve se mostrar, para ser útil ao sujeito (pode ser o grão da pele de uma mulher numa tela de Ingres, os fantasmas de Jerônimo Bosch ou a morte sacrifical numa cerimônia de macumba), em sua função reparadora, unindo-se nesse ponto ao conceito de ambivalência de Freud, enquanto aspecto da maturidade individual.

Vamos notar mais uma vez que o caminho mais fácil, em termos de economia psíquica, permanece sendo o da dependência alternada, que tem a imensa vantagem de fazer sempre referência a qualquer coisa conhecida, portanto, reconhecida. É uma das razões fundamentais da adesão dos homens à ritualização de suas vidas e da delegação de uma parte de seu não-dito a um Sagrado e um Segredo coletivos. Essa delegação não é incompatível com o sentimento de ser enganado, e em primeiro lugar na sexualidade: a relação com o prazer é o sacrifício mais freqüentemente exigido por aqueles que obtêm a delegação de organizar o ritual. Pois eles aprenderam, pela experiência, que a dependência em relação ao seu sistema depende de seu poder de censura, castigo ou recompensa sobre os seres. O sacrifício consentido à adaptação exterior ameaça trazer em seu bojo um sacrifício da utilidade liberadora do não-dito; daí a explosão periódica de conflitos violentos, individuais ou coletivos; daí, igualmente, em períodos em que, por diversas razões, a lei (simbólica, real, imaginária) é colocada em risco, o risco maior de "dissociação" (no sentido patológico) dos sujeitos que perdem a promessa liberadora do não-dito por uma delegação usurpada de poderes. A fissura psicótica nos interroga brutalmente sobre a fronteira em que o não-dito deixa de ser operador e liberador, em relação à realidade exterior, para tornar-se ainda mais terrorista que essa realidade. Quando se junta um grão de areia a um grão de areia, e assim sucessivamente, a partir de que momento se pode dizer que se tem um monte de areia? Não basta introduzir os elementos causais para que exista essa fissura (por exemplo, mãe "má", destituição do nome do pai etc.). A intensidade dos traumas ou antes, seu vivido, a atmosfera, o contexto emotivo, desempenham igual ou maior papel que a série causal. Os elementos exteriores ao sujeito desempenham um papel pelo menos tão importante, não em sua predisposição, mas no desequilíbrio dos elementos da série interna (entendemos por série interna os materiais estruturais que levam à construção da "personalidade", aí incluída a organização das sucessivas camadas de defesa).

A psicose coexiste mais ou menos com uma parte do não-dito que pode parecer, vista de fora (digamos, por uma pessoa que não seja iniciada), tão psicótica quanto a outra. Mas o sujeito sabe (e pode verificar) que ela é manipulável, modificável, adaptável ao real. Ele constata então que, de certo modo, é onipotente, pelo menos sobre uma parte de seu mundo interior. Daí, já que essa onipotência não é suficiente, a tentação de verificar pela repetição a satisfação desse tipo de necessidade (isso está patente na busca de parceiros diversos e de um determinado tipo, na vida sexual). Lembremo-nos, no entanto, de que em relação à intensidade de disposição afetiva não-dita, toda passagem ao ato na realidade será sempre, de uma maneira ou de outra, frustrante. O sujeito sabe que ele aí se aniquila parcialmente, mas isso faz parte também da adaptação ao real e, finalmente, à obrigação de ser.

Essa obrigação de ser é antinômica em relação à onipotência. Ela pode até mesmo ser desesperada e desesperante. Em relação a isso se pode forjar a identidade, dosagem sutil entre o exterior, o imaginário, o não-dito e o simbólico. O não-dito é a antecâmara do imaginário, móvel, disforme, inapreensível e ao mesmo tempo construído e elaborado no acme e no fulgor. Ele é acima de tudo afetivo, emocional, tímico. Muitas vezes se tem calculado mal sua importância e lugar específico na economia psíquica.

II
Práticas

O NÃO-DITO DA DROGA

"Objetos inanimados, tendes vós, então, uma alma?" Essa exclamação do poeta coloca a questão chave da utilização das drogas e da experiência interior que ela suscita entre as pessoas que se iniciam.

Quem disser que o "sofrimento declarado do sujeito desintoxicado é o único objeto válido e verdadeiro da clínica do toxicômano", terá confundido a natureza das interrogações que se endereçam à "droga". Estas são, no entanto, questões mudas, respostas proibidas, porque põem em questão a ordem do mundo.

Se se admite que a droga é o encontro de um produto, de uma personalidade e de um momento sócio-cultural, há um não-dito que se refere a cada um desses três parâmetros.

O consenso social implícito e explícito é o de que a droga é um objeto mau em si. A rigor, a abordagem científica pode compará-la a uma insulina correspondente a uma falta biológica; a abordagem analítica, a um objeto de transição. Mas está proibido interrogar-se sobre os efeitos reais do *Pharmakon.*

Está proibido interrogar-se sobre o verdadeiro caráter inicial e de iniciação de um pó inerte que vem do exterior, que não é da fantasia, que não se pode jogar no simbólico e que explora o corpo e o espírito chegando até um transe solitário incomunicável ao comum dos mortais.

O que não pode ser dito se extrai de qualquer coisa inaudita: o entranhamento do gozo e do prazer aqui e agora, naquilo que descrevemos como o relâmpago da heroína. Esse pó inerte modifica o estado subjetivo e corporal do indivíduo. Essa revelação (que na realidade é mais ou menos degradada), que o toxicômano possui como própria, lhe dá um sentimento, em relação ao médico, ao psiquiatra, ao psicanalista, de ter acesso a algo de iniciação, de que o outro está privado. A relação que o toxicômano vai elaborar com seu objeto remete os sujeitos que supostamente deveriam saber a uma falta, à falta deles.

Essa falta do terapeuta é como que obrigatória: o que poderia ele fazer dentro de um projeto terapêutico, não só do prazer-gozo, mas ainda do secreto e do sagrado. Essa experiência é inefável e a posição do terapeuta é tal que ele fica obrigado a confundir sua causa, fim, efeito e ação, amputando, para se situar, um dos termos da equação: o produto, a personalidade, o momento sócio-cultural. Em se tratando do produto, a ocultação toca aquilo que se poderia chamar pudicamente seus efeitos positivos.

Em outras palavras, é quase obrigatório censurar ou minimizar o efeito e a ação. A interrogação não se aventura até o ponto de se interessar pela eliminação, ainda que minúscula, de um sujeito, pela restituição de um outro imaginário fundido com o corporal, o tempo de uma viagem, de um "barato", como dizem os toxicômanos. Eliminação por meio de um objeto exterior ao psiquismo e ao corporal, e que tem toda a aparência de um pó inerte.

Isso coloca o sujeito de maneira diferente em relação ao real ou à realidade, à angústia de morte, à anulação do tempo vivido na promoção da repetição. Quanto à armadilha desse indizível, o psicanalista devia estar consciente dela, pois devia saber onde se situa o engodo, o engano da enunciação, da interpretação. Mas, nos fatos, ele está em condições de suportar a realidade explosiva do prazer real e não racionalizado que se transforma em verdade do outro?

Seja o que for que se faça, a droga está aí, na sua realidade de objeto, químico ou cultivado, e dando o prazer-gozo. O que não se pode dizer do objeto é a possibilidade alucinada que ele oferece, no auge do transe solitário, de anular as únicas proibições atuais: a recusa de nascer e a recusa de morrer.

A quem está aberta essa possibilidade de ir tão longe, senão a alguém que chegou a se recusar e a se eliminar enquanto sujeito, que imagina que tem uma dívida a pagar e que, ao mesmo tempo que o prazer, introjeta em si a dívida (e o pecado original) porque a dívida lhe parece impossível de se expiar e pagar?

Ao situar sua dívida dentro do próprio corpo e da própria veia, o toxicômano ignora o dito da proibição. Seu não-dito, como seu desejo, ele o tem na veia. Num instante, ele tem veia. Aí está o não-dito.

O sujeito que ousa isso tem uma história. Somente ela o autoriza a tentar, com esse objeto vindo do exterior, abolir o sujeito, isto é, fazer nascer nele a questão do sujeito enquanto abolido. Essa história é a da dívida, da falta inicial, da abertura inicial, que toma no futuro toxicômano uma proporção desmesurada. A isso chamamos de estágio do espelho quebrado. Quanto maior a desproporção, mais despedaçado estará o espelho, tornando a dívida ainda mais impagável.

A dívida remete à identidade entrevista no próprio momento em que se parte o espelho (coisa que não existe no psicótico), à idéia de um Paraíso perdido. Não se trata de negação da identidade, mas de identidade enfeitada, sublimada e perdida, do mesmo modo como será mais tarde o objeto-droga, e que imperativamente impulsiona à busca, à reconquista dessa perda.

O sujeito empreende essa busca pelo sistema de verificações do autodesmentido: daí a falta de medida em todas as suas passagens ao ato antes da droga. Pois ele busca até o fim, sem encontrar. Nesse estágio, o não-dito é sua regra cotidiana: ele não pode, nem saberia, explicitar o porquê desse exagero. A economia da passagem ao ato desmesurada vem dar um curto-circuito no porquê inicial de tal prática.

De certa forma, a condução das passagens ao ato é o autodesmentido da negação de si, dado a si com o quebrar do espelho. Enquanto tal, o futuro toxicômano é, como a criança, um perverso polimorfo, obrigado a alucinar permanentemente e de maneira desmesurada o real. Isso parece evidente quando se estuda a infância de tais sujeitos.

Quando o sujeito encontra (e às vezes busca apaixonadamente desde a infância) o objeto-droga, este vem colar os fragmentos do espelho partido. Só Deus é capaz de permitir tamanho milagre. O objeto vem ao lugar de Deus ou dos Deuses mortos. Em outras palavras, o objeto-droga é sagrado, mistério extra-humano. Mas, por outro lado, e quase imediatamente, ele é também violenta instância de dessacralização e de desmistificação, a partir do momento em que cessam seus efeitos, remetendo o sujeito à negação de si mesmo e, portanto, à falta.

Esse movimento de vaivém entre o sagrado, o segredo, a unidade de fusão (a "lua-de-mel" da droga) de um lado, e a miserável realidade do vazio, de outro lado, é impossível de dizer. Como é que se poderia explicar, até a si mesmo, que se quer criar-se em Deus, isto é, sem proibições, quando se sabe e se verifica que não se pode transgredir as únicas duas verdadeiras proibições: a recusa de nascer e a recusa de morrer. É um sentimento e um vivido de iniciado, do qual o outro, o terapeuta, está privado.

Nesse estágio, o não-dito do toxicômano é talvez a questão que ele não ousa formular ao seu terapeuta e que o terapeuta não ousa escutar: Por que você, que me nega a minha qualidade, tem medo de avaliar você mesmo esse produto? Não será porque você tem medo de uma reversão da questão do desejo?

Se o objeto é incontestavelmente objeto do gozo-prazer e da reconquista da unidade, não deixa de ser também um objeto transicional, que desempenha um papel no lugar bloqueado da identidade. Daí a dor de todo gozo ligado à perda de identidade e à sua pacificação. Daí também a transformação do desejo em necessidade. Pois o objeto-droga torna-se cada vez menos adequado, e, numa reversão progressiva, agrava a não-identidade através do culto de um objeto que vem substituir o Deus morto, o Deus que jamais existiu.

Perdendo seus atributos, o objeto-droga que vem unicamente do exterior vai ceder, pouco a pouco, o seu lugar a algo intermediário, ao mesmo tempo do interior e do exterior, e que será o estado de falta. Se o objeto-droga se torna apenas um objeto de culto e perde pouco a pouco seus poderes, só resta efetivamente edificá-lo em um Deus perdido. Sua ausência é que estará encarregada de provar a sua existência. Não será mais o prazer quem fornecerá a prova, mas a possibilidade de fazer parar a dor que permitirá a esse objeto exercer ainda uma função: verificar no próprio sofrimento sua não-identidade é ainda uma forma de existir, um modo de se recriar. Assim, na falta de coisa melhor, o estado de falta é desejado (o que o diferencia fundamentalmente da situação de falta do animal) e o objeto só serve para materializá-lo. É o estado de falta que se transforma em tudo, um tudo deliciosamente doloroso.

Então começa uma outra história: a do sofrimento do sujeito desintoxicado. Eis aí um sujeito que não era nada e que falhou, com o objeto-droga, em ser tudo. Em seguida, que foi tudo e nada dentro do mesmo estado: o estado de dependência marcado pela falta. Agora, a falta-droga se soma ao, mas não preenche mais a outra falta, vazio fundamental do espelho quebrado, a dívida, a angústia de morte. O sujeito aprende a não mais querer ser tudo.

Ora, como diz Georges Bataille: "Não mais se querer tudo é tudo colocar em questão." Quando cessam os efeitos do narcótico, os efeitos positivos e a falta, cessam as ilusões. Desintoxicado, o sujeito aprende aquilo que ele é. E com que desmedida: quanto mais longe estiver, mais dura será a queda. Se não há mais narcótico, mesmo quando ele mostra aparência de um sujeito "curado", o vazio se revela a ele irrespirável.

A partir daí começa para ele uma experiência singular: se o corpo e o comportamento parecem normais, o espírito se debate num mundo estranho, onde, graças ao jogo das memórias, a angústia e o êxtase se compõem e lutam com a necessidade de repetição e a repetição da necessidade. Assim se cria um tempo vivido do sujeito desintoxicado que é apenas espera ferida, esfolada viva. O sujeito não encontra seu lugar em lugar nenhum e apenas espera o alívio dessa espera-sofrimento que representa para si mesmo como o único Nirvana possível.

O sujeito se debate entre o desejo de normalidade e o sentimento íntimo, profundo, visceral, de que essa normalidade não está acessível, de que o caminho que conduz a ela o ameaça de perder para sempre todos os benefícios que adquiriu nos campos do imaginário, do simbólico e do corporal, graças ao produto, pagos como seriam com a falta do estado de dependência.

Essa experiência é, essencialmente, da ordem do indizível, em primeiro lugar, em relação ao terapeuta, tanto o sujeito é culpado daquilo que vive. Existe na relação do toxicômano com qualquer outro uma fala e um afeto proibidos. Toda relação se torna dissimulada pela astúcia, porque de todos os sofrimentos este é o único proibido pela moral. A partir daí, somente a passagem ao ato —

recaída ou suicídio — pode significar, sobrevivente de uma comunicação rompida. O sujeito torna a ser de certo modo, pode-se dizer, um perseguido-perseguidor, em falta de dependência.

Aí deveria estacar a viagem ao fim do possível do toxicômano. Mas seu não-dito o faz compreender que sua experiência não tem valor de autoridade a não ser para si mesmo. Essa guerra psíquica vai ceder lugar, cada vez mais, à culpa. Em especial, a culpa de não poder vir a ser como os outros, de saber que, no fundo, não vai se curar como se cura uma "verdadeira doença". O não-dito não está na doença. Doente, ele está, mas aquilo que ele não pode mais dizer é que está voltando de uma verdadeira viagem, cujo calor e prazer não se conhece e não se quer nem se pode conhecer.

Então, ele se mente, ao mesmo tempo em que está consciente de que mente. Para fazer seu trabalho, todo terapeuta mente para ele como ele se mente. Somente o fim progressivo dessa dupla mentira por omissão vai permitir fabricar qualquer coisa que pouco a pouco virá a ter lugar de eu ortopédico. Essa relação faz vir à tona uma certa apreensão do real, ao custo de um conhecimento equivocado, finalmente "aceito", mas redutor, de si, preço a pagar para atenuar o sofrimento.

Essa aceitação, na realidade, só é aceitável porque existe como terceiro participante o estatuto social do toxicômano e também seu estatuto cultural. Entramos no domínio complexo da moral social e da ética de vida, dentro do que se torna um projeto parcial, válido para o sujeito. É preciso dizer com clareza que a intrusão desses fatores está arriscada a ser, no real, a intrusão sádica dos problemas a serem solucionados da parte do terapeuta em relação ao não-dito de seu desejo, mas também a intrusão sádica de certos delegados da sociedade que se pode ver em operação nessa ou naquela instituição para toxicômanos.

O toxicômano se encontra no estatuto do toxicômano, e ao mesmo tempo não se encontra nele. Semelhante ao que acontece com certos descendentes de escravos que ao mesmo tempo sonham com e resistem à revelação de seu desejo e de seu medo feroz de serem obrigados pelo outro a voltar à servidão e que passam a vida a verificar, em particular no olhar do Outro, o que há ali desse desejo inconfessável e inconfessado. Inconfessável e inconfessado, mas tão pesado de se carregar que, como o toxicômano, faz com que eles levem uma vida psíquica dupla: uma normal, oficial e reconhecida; outra secreta e feita de identidades múltiplas.

Como diz Bastide, citando Gide: "Eu sou mil possibilidades dentro de mim: mas não consigo me resignar a querer ser só uma." Essas vidas duplas do descendente de escravo, aquela, tudo a mesma coisa, do toxicômano, permitem um equilíbrio instável, mas de todo modo um equilíbrio, que se instala no pluralismo dos desejos e das feridas.

O não-dito social nasce da censura de tais identidades duais e múltiplas, que prefere a duplicidade ao reconhecimento de domínios psíquicos contraditórios que poriam em risco os fundamentos da ordem econômica e familiar. O próprio toxicômano participa da fabricação do não-dito protetor de uma ordem social que ele respeita e deseja ao mesmo tempo em que não é capaz de suportar.

Nesse tecido de contradições, tudo se mistura: a ordem e a desordem, o desejo e o não-desejo, a lei e a transgressão, a recordação enfeitada, o terror do presente e um futuro amputado, o fim da busca da unidade identificadora e a nostalgia de uma imagem de um Narciso a se descobrir num espelho perdido. Sair daí, ao fim de mil aventuras, psíquicas e sociais, é não deixar espaço a não ser para a repetição da banalidade, sem coabitação — com risco de recaída e de morte — com o passado.

De tudo isso ficarão uma amargura, uma nostalgia e um imenso não-dito. Um não-dito que lembra de certa maneira o não-dito dos deportados dos campos nazistas: como se a experiência fosse intransmissível.

É no momento da renúncia que, paradoxalmente, o rompimento dele com ele próprio se transforma, assim, num rompimento com os outros.

E mesmo se o não-dito fosse formulado, não deixaria, no entanto, de ser indecente e ilegítimo: a liberdade seria verbal e redutora; não poderia desembocar numa prática. A renúncia acarreta uma ruptura com a comunidade do destino em relação aos outros toxicômanos e, não importa o que o sujeito possa dizer, a viverá como uma traição e como uma perda. A toxicomania não cria um ritual individual. Ela se inscreve num conjunto de representações coletivas.

Também é isso que se abandona quando se deixa o destino do toxicômano. Ora, o sujeito tem e terá nostalgia das comunicações turvas, daqueles bons tempos em que era ao mesmo tempo penetrador e penetrado, lascivo e assexuado, violento em relação a si mesmo e aos outros.

Os outros, mentirosos e trapaceiros sem vergonha, mas seus irmãos no incomunicável. Na ambigüidade do desejo e da extrema desgraça, quando eles descobrem não ser senão o que G. Bataille chama "um espelho da morte". É ao olhar os outros irmãos e irmãs que o sujeito vem apreender ao mesmo tempo o que vai deixar de ser e o que não deixa de não ser, para não viver somente na falta da falta.

Como no sagrado, a própria experiência constitui aqui autoridade. A quem se poderia dizê-la, que não seja iniciado e que sente que aquilo não se extrai da inteligência, e partindo apenas da clínica, que aquilo se prende em primeiro lugar à experiência interior?

Essa experiência parte da quebra do espelho, se prolonga com a fusão do objeto e do sujeito, o duo do estado de dependência e o desconhecimento do porquê da dor singular e extasiante do sujeito desintoxicado. Ela quase atinge um extremo do possível e chega a um estilhaçamento dos domínios do saber, do sentimento e da moral. Um pouco como o candomblé constitui um mundo, ligado, sem dúvida, ao conjunto da comunidade brasileira, mas sem perder por isso suas características próprias, sua vida espiritual autônoma. A comunidade dos toxicômanos tem em comum esse aspecto inicial e de iniciação e essa experiência que, por si mesma, compõe a autoridade.

Não há, portanto, mistério no fato de que o encontro de uma situação frustrante (a dos antigos escravos) ou patológica (a do destino individual do toxicômano) e de um sistema de iniciação que permite a evasão por meio de um transe ao mesmo tempo individual e coletivo, desemboque na construção de mitos. Aqui, o mito, muito degradado, não atinge uma explicação nem uma cosmogonia, mas, realmente, um encontro do sagrado e do segredo com o prazer.

No fim das contas, o não-dito na toxicomania se funda no duo, discurso inaudível/escuta impossível, tantos são os segredos pesados de carregar e as verdades que colocam o outro em questão nas raízes do desejo e na aceitação do consenso social.

Do mesmo modo, não se deve ficar admirado pelo fato de que, de um lado, a sociedade e seus representantes escolham uma relativa surdez e, de outro lado, um certo número de toxicômanos renuncie, opte por morrer, se abisme num deserto solitário ou na mais infame das mendicâncias, ou ainda, troque sua dependência por outra, vindo a ser adepto de personagens carismáticos que manipulam a seu bel-prazer o sadomasoquismo e lhe propõem uma pseudo-identificação.

Apontar o não-dito na questão da droga é se recusar a entrar no domínio da teoria e trabalhar a partir de e numa situação subjetiva, criando efeitos de verdade, utensílios que só têm serventia uma vez e que se descartam em seguida, como os brinquedos e seringas de plástico.

A função do terapeuta em seu trabalho também se torna o mais longe possível a negação de si dada a si mesmo, para que o toxicômano aceite para ele, o mais longe possível, a negação de si dada a si mesmo.

Nessa medida, nada se joga e assim se destruindo, o toxicômano se destrói na infinita possibilidade dos homens, seus semelhantes.

O NÃO-DITO DA SEXUALIDADE

Passado o breve prazer do desejo, do olhar desejoso sobre o corpo imaginado, logo sobrevém uma lassidão, e, muitas vezes, um desejo de esquecer. O Ato logo se transforma numa matéria morta, um momento de si.

Por que, a partir daí, surge o inevitável recomeço, essa necessidade imperiosa, outra vez ingênua, de um começo?

O desejo mascara a verdadeira razão do imaginário: anular a falta, invalidar a morte. A "pequena morte" permite verificar que se escapou da grande.

O extremo do prazer significa ao mesmo tempo a singular precariedade da espécie. Mesmo se a espécie foi capaz de criar esse fabuloso tesouro, mas quão doloroso, que é o imaginário, a única coisa essencial ao homem é o estado de falta que o deixa nu em face da morte, a qual todos sabem que está inscrita, inescapável.

Ora, no desvio do caminho que conduz ao inevitável, o sexo oferece uma praia de extraterritorialidade. "Oh, tempo, suspenda o teu vôo." O prazer é margem, suspensão no acme da escansão.

O problema vem à luz quando não se consegue isso, antes, durante e depois, do pequeno medo ao grande, quando do impulso se passa ao raciocínio, à representação, ao abandono, quando, em suma se introduz a história do sujeito no ato ou não-ato.

O não-dito ressurge quando o ato louco do imaginário se transforma no ato ridículo da realidade, quando a lógica retoma seus direitos e a angústia na falta volta a se encontrar desnudada.

Pois não há pior (nem melhor) ilusão que a de investir o corpo do poder de um mágico. Só o alucinógeno ou o narcótico é capaz, por instantes fulgurosos, de fazer o corpo viver no ritmo sem engano do imaginário.

Em outras partes será necessário fragmentar, à força de lembranças de infância, esquecidas ou não, embelezadas ou enfeadas através dos meandros da neurose pessoal e historiada. Um dia, sem dúvida, vai-se ter consciência do drama suplementar que foi oferecer aos mais pobres em imaginário o "cinema pornográfico", o chamado filme de sacanagem, o qual, ao oferecer aparentemente com toda liberdade um não-dito, supostamente total, impede o não-dito do pobre joão-ninguém.

Ninguém precisa ser passadista para solicitar o mistério e compreender a paixão, defesas, por sua vez. E o que dizer das religiões onde tudo é amor, mas com um tal sadomasoquismo, inevitável (e vivem, portanto, a flagelação e o caminho de penitência), que servem de funil de uma direção só aos desejos inconfessados dos homens, desde que não estejam em guerra ou em cruzada, em nome de Deus, onde tudo é permitido?

Isso quer dizer que o sexo só é amoroso na utopia, como o encontro do prazer e do gozo? Isso já seria forte. De fato, como a neurose é compromisso, o sexo é compromisso. O ato felizmente impede de ouvir e se autoriza esse prazer. Mas quem ousará dizer dele que é total, que é a melodia inteira que se teria desejado?

O ato sexual distingue aquilo que é satisfeito daquilo que não é, mas o ato é também verificação do impossível, portanto, da frustração. Ainda é preciso distinguir entre o ato solitário, que mais se aproxima de um desejo de plenitude, ao preço — paradoxal — da solidão, e a passagem a dois, ou a diversos, que ao mesmo tempo aproxima e afasta a possibilidade de ser completo, preenchido, satisfeito, realizado, impossibilidade admiravelmente revelada por Pasolini em *Saló,* que poderia ter sido chamado "Da impossibilidade de usufruir qualquer que seja o preço a pagar".

É inútil a palavra, que apaga a emoção ou, no melhor dos casos, a poetisa, tirando-lhe, assim, sua parte bestial; despe a beleza do impulso primitivo ou o entranhado da elaboração perversa.

A palavra explica o desvio, a censura o vive. A censura é dor, armadilha e encanto. Ela se autoriza a totalidade e a torna inacessível.

Apesar do álibi do desejo do prazer do outro, o não-dito de toda sexualidade tem em seu registro o despossuir do outro enquanto sujeito. O outro é eco, espelho animado (de boas intenções?). Dar-lhe prazer é fazer concessão, mas mais ainda verificar contra a angústia sua própria potência, sua própria existência. Dar prazer ao outro tem mais importância em relação a si que em relação a ele. O prazer do outro é da mesma ordem que a sedução de Dom João ou de Bovary.

O impulso sexual então é evitar (através do prazer mais extremo) a morte como único real (daí o jogo da reprodução) e convidar o egoísmo régio da solidão a se manifestar.

Ao contrário de outros impulsos humanos, o impulso sexual não é uma questão de identidade. Ele é desejo do tempo suspenso. A exigência aparece como totalitária na medida em que sua prática é na maioria das vezes ridícula. O desejo exige tudo, a resposta é animal, inseto-mimética. O hiato entre a exigência totalitária e a realização ridícula, entre a demanda cósmica e resposta animal, se inscreve na memória do sujeito e o leva à elaboração da fantasia e à sua representação, incluindo até a sua dimensão de amor.

O cerne que estamos tentando cercar, o leitor terá compreendido, é aquilo que separa o desejo do ato; mais exatamente, como se elabora o não-dito do desvio inevitável que aí está. De uma outra maneira, não se trata de estudar a função da sexualidade mas antes a função e o funcionamento de seu não-dito. Não dito que tem função implícita de se arranjar com a frustração e a decepção e, a partir daí, preparar o terreno a uma repetição que não seja uma repetição.

A autoridade do não-dito nascerá de sua capacidade de ser uma transgressão vitoriosa e de fazer o sujeito viver facilidades que em outras partes a sua experiência desmente. O não-dito permite a inteligibilidade do acontecimento, cura a dor do hiato e prepara um acontecimento sempre renovado, que talvez não existisse sem ele, e entretém, talvez, a ilusão do acordo perfeito.

Mas ele tem tanta necessidade do ato como o ato tem necessidade dele. O ato é consumação, o não-dito conota o real, na medida da metade, do quarto, do terço ganho... para a próxima vez. O não-dito, diferentemente do ato, é sempre passível de se substanciar. Ele cria a atmosfera de desejo ou de angústia, de remorso ou de justificativa. Ele analisa, autoriza ou proíbe.

Se, por acaso, seja qual for o desejado, o ato não sobrevém, cabe ao não-dito assumir a autopunição ou recarregar esse desejo.

Não se trata de um objeto fetiche, mas de uma elaboração entre duas águas, no limite do recalque e do inconfessável, sem nenhuma outra mágica senão a atmosfera tonal, afetiva, não asséptica, e que conta tanto quanto o conteúdo elaborado. O não-dito permite estar ao mesmo tempo aqui e em outra parte, outra parte diferente do local onde se desenrola a cena para autorizar a insistência repetitiva de uma reivindicação sem a qual o sujeito estaria irremediavelmente confrontado com a morte.

O não-dito, mesmo se ele não satisfaz aquilo que falta ao seu dono (e jamais o conseguiria), reconstitui uma história, uma fábula, um conto de fadas ou uma tábua da lei que permite ocupar o lugar da falta (ainda que num sofrimento espantoso) e impedir o sujeito de sofrer da falta da falta.

Muito mais que isso, ele se organiza na falta, em torno da falta e pela falta. Falta do gozo total tal como ele foi imaginado, encontro censurado com a morte ou com aquilo a que remete o gozo impossível, insaciado. Impossível no ato, o não-dito paga a dívida que o sujeito tem para consigo mesmo.

Pois o não-dito, como o ato, tem seu tempo e seu espaço. Ainda que ele tenha início em algum lugar na direção do impossível original e que ele esteja fundamentalmente inscrito na história do sujeito, para ser operacional, é preciso que ele seja "aqui e agora" fluxo assumido, reivindicado, buscado, obstáculo à morte enquanto fonte suprema do prazer.

É de um tempo de trabalho, ao mesmo tempo de negação, de verificação de inventário (como diz F. Perrier) e de elaboração de um futuro que se trata, a partir de uma perda sofrida, e que obrigatoriamente será necessário compensar.

No ato, há empobrecimento do eu imaginado: o *superman* do prazer total, o *phallus* imaginário, o *phallus superman* são empobrecidos. O sujeito está arriscado a pagar o preço melancólico, mais ainda se não pode se abrir com ninguém. Se pode fazê-lo, será sob um olhar moral (a confissão) ou "objetivo" (junto ao médico, o psiquiatra, o psicanalista). O não-dito intervém aí para tentar outra vez atingir o objeto ou para encontrar os argumentos que autorizam a tentar atingi-lo uma outra vez, em torno e além do cio biológico. Aquilo que parcialmente volta a fazer com que um outro assuma a causa do fracasso mas também volta, ao contrário, a introduzir a erotização ali onde ela foi mal encaminhada pelo encontro do ato e do outro, para que o outro possa voltar a ser o prisioneiro dessa erotização e faça passar a mensagem de que autoriza tudo outra vez, e de que aquilo vai ter sucesso.

Sucessos, talvez, de uma penetração, cercada de bons ou maus tratos, precedida de aperitivos. Sucessos que nunca são mais que tentativas cada vez mais inúteis de atingir uma totalidade última e inalcançável já que ela está dentro da falta e da morte, a falta que se apaga diante da morte.

Como com a droga, o esgotamento da fecundidade do desejo obriga a ir sempre mais longe e mais alto, coisa que na fantasia e no não-dito não causa problemas, mas que, na realidade, pode levar aos campos de concentração ou a um *Saló* vivido. Como diz P. Klossowski, citado por F. Perrier, "a destruição do objeto é inseparável da emoção perversa". Pois o não-dito só episodicamente se alimenta de angelismo. Ele está muito mais próximo do canibalismo hermafrodita em sua invenção repetida e renovada que dos parentescos eletivos e sublimados.

A relação do não-dito com o gozo é, no início, de liberdade total, e de uma terrível sanção autopunitiva se há fracasso no ato.

Assim definido, o não-dito seria apenas a fortaleza de um núcleo perverso mais ou menos importante. Se isso é exato no que concerne à relação daquilo que o público chama "perverso" com a norma dominante, não se pode reduzir o ecletismo do não-dito à estrutura perversa. Sua única função não é aguçar o desejo, nem mesmo sublimar, tarde demais, a decepção. Também é construir um sósia polimorfo erógeno do homem ou da mulher, obrigados a compromissos aos quais o não-dito não se prende. Embora se encarregue do corpo, não é do corpo. Mas também não é como a fantasia, completamente fora do corpo. Com relação à perversão, é ao mesmo tempo aceitação e compromisso: relativiza o desafio que o perverso faz a si mesmo, em nome de seu prazer desconhecido. Para fazer isso, o não-dito tem outros registros além dos do impulso e da fantasia. Ele tem, por exemplo o poder de criação, o poder da poesia, da ascese, do conto de fadas e até mesmo da moral. Tem, acima de tudo, em relação à pulsão e à fantasia, um lado voluntarista em ação, um sentido, uma direção e uma elaboração que fazem dele um elemento aculturado da identidade do indivíduo e não o reduzem a um mecanismo de sublimação mais ou menos consciente.

Ao contrário, ele se relaciona também, é preciso lembrar, com a emoção, agradável ou não, e com a integração sem limites daquilo que está "fora da fala e fora do sentido". Ele é recurso da liberdade do homem entre seu desejo e sua morte, o mesmo, porém não idêntico! O não-dito remete a si mesmo para sempre obrigar à modificação e à superação. Ao contrário da fantasia, ele não pode ser de repetição idêntica pois tem, a cada vez, que se confrontar com o incompleto do gozo do Ato. Ao contrário da perversão, ele encarna como resultante uma certa fecundidade do Ato, que ele enriquece constantemente com o fruto da experiência e com o fruto de outras fantasias estocadas na memória e voluntariamente mobilizadas. O verdadeiro não-dito é na mesma medida violação e intuição, luto e "celebração de um gozo desconhecido ou perdido" (F. Perrier), no modo seletivo, segundo a verdade do momento, portanto, sempre mais ou menos voluntarista.

O impulso do não-dito não se refere a nenhum outro modelo. Ele não é senão expressão da pulsão, mas é também isso; ele não é senão expressão da fantasia, mas é também isso; como é discurso silencioso e organizado, livre e censurado, moral e imoral, autocrítico e relativo ao objeto e, acima de tudo, parte do ato para voltar ao ato. Não tem categoria na economia do sujeito, como também não tem em sua estrutura. Surge de um acontecimento cultural construído como um andaime que diferencia o homem do animal, abrindo-lhe a porta do voluntarismo emocional e afetivo, além do princípio do desejo, ao mesmo tempo em que passa por ele.

Pode-se comparar um pouco o não-dito à opinião. A opinião é aquilo que, dentro do sentido, escapa ao sentido. Ela é irredutível a uma objetivação, assim como o não-dito, mesmo se ele proclama ao sujeito, seu dono, o contrário. Existe reciprocidade imaginária entre o dono e seu não-dito, ao mesmo tempo para a emergência de Eros e o consolo da decepção inevitável. Do mesmo modo, é total a autorização sadomasoquista entre o dono e o seu não-dito, lugar fechado onde tudo é permitido, da sublimação à passagem ao ato, do princípio organizador do ato à análise da insuficiência-gozo.

O não-dito, muito mais que o dito, é organizador do campo sexual. Ele não se desnuda a nenhuma combinação possível, exceto a se exprimir ao Outro, caso em que se transforma num dito objetivante e portanto redutor, audível através do desejo do outro e, portanto, deserotizado pelo dono. O dono seleciona no seu não-dito aquilo que será verdade acessível ao outro e aquilo que deverá ser imperiosamente calado ou revelado progressivamente, na ocasião de uma possível transgressão das proibições. Há, então, diálogo, embora encoberto por uma sutil estratégia para transformar o desejo do outro em desejo próprio, na revelação do vislumbrado perverso de cada um. Alegrias, angústias das tentativas de uma aproximação que foi e é arriscada ao mais real de cada homem, que pode levar até à morte ou à mais total das abjeções. Alegria perigosa e torturante de não poder dizer tudo ao outro sobre o caminho exigido, exigido até o extremo e que, portanto, jamais levará ao extremo do gozo esperado e terminará em assassinato de Eros, inevitável. Em todos os casos, passa obrigatoriamente por uma "denarcisação" dolorosa.

Faltaria ainda adicionar todas as disputas do não-dito a propósito de Narciso ou da imagem ideal do eu com a moral social e as questões da ética, tão importante é para cada um a questão do superego e da imagem de si dada a si, tanta é a concorrência entre o que está em jogo em termos da libido, do superego e do social. A obrigação última sendo que o não-dito funciona como uma máquina de desalienar, portanto, de produzir a liberdade, de se reinventar a cada nova ocasião, ainda que seja na repetição da necessidade.

Como é que se pode ao mesmo tempo produzir liberdade e participar de uma repressão? Já dissemos em outro ponto, se ele participa do imaginário e da fantasia, até do impulso, o não-dito é, em primeiro lugar, construção voluntarista e cultural. Ontem, suas referências podiam ser Moloch e Sade, mesmo se hoje, aparentemente, são Freud ou Skinner; cultura não significando lei, organização rígida ou estruturada, porém muito mais atmosfera, afetividade, emoção, calor, interpenetração, desenrolar flutuante! O não-dito é virgem e adquirido, livre de direito e de fato em relação às leis, regras, usos e costumes, mas integrando-os na justa medida para situar a transgressão dentro dos possíveis do homem.

É talvez na relação entre droga, sexo e não-dito que melhor se vê desenvolver-se aquilo que pode constituir o conteúdo e a forma justaposta do desenrolar do não-dito, onírico, porém dirigido, transgressor, mas rarissimamente comunicado a outrem — voltaremos a isto. Vamos nos contentar em assinalar que se isso é possível, é porque a droga, objeto inerte que produz o imaginário, também tem como função anestesiar a culpa no "alto", para acentuá-la com uma tonalidade melancólica no "baixo". As duas tonalidades remetendo à dupla face aculturada do desejo do homem e tornando possível, na solidão, sem parceiro, o jogo dolorosamente prazeroso do sadomasoquismo, marcado, nesse caso, por proibições físicas, mas muito poucos impedimentos psíquicos. Na busca incessante do penúltimo desnudamento, que é o da impotência, do gozo impossível, sejam quais forem as miragens do desejo. Ao contrário, com a mais ousada representação, a mais liberada, que é não ocorrência desse penúltimo avatar, que é em algum lugar o não-dito do não-dito.

A obra de Pasolini toca nos temas mais marcados do não-dito: a dimensão angelical do desejo (*Teorema*), a possessão sorridente de escravos hetero ou homossexuais (*As mil e uma noites*), o desejo carnívoro e bestial (*Pocilga*) e a abordagem mais próxima, pela total liberdade e total desprezo fascista pelo outro, do gozar impossível, mesmo quando tudo é permitido, quando a pessoa se permite tudo e o outro, morto ou vivo, não é senão objeto do desejo.

As obras de Pasolini desnudam ao extremo os temas do não-dito, não mais nem menos, entretanto, que uma tropa de ocupação feita de cidadãos honestos e solta com toda liberdade em cima de uma população inocente, ou que a relação turvamente erótica e mortal do belo SS e seu objeto, resíduo de campo de concentração, tal como o descreve *Porteiro da noite*. Nem mais nem menos que o conteúdo de certas "viagens" sob o efeito de alucinógenos, quando se sabe ouvi-las não censuradas, ou certas passagens ao ato sob o efeito de anfetaminas. Em suma, o não-dito do homem comum pode atingir, para ele, extremos que ele não ousaria confessar a si mesmo.

No recurso a um terceiro indivíduo ou instituição, o não-dito é obrigatoriamente censurado. Ele se acomoda em relação aos possíveis da passagem ao ato para ousar transformar-se em dito parcial, jamais plenamente liberador. Ele está no nível consciente e não pode ser assimilado à hipótese do desejo inconsciente ou reprimido. Postula um trabalho prévio de emergência e também de desarmamento do superego. Na verdade, já é compromisso, porque é representado, e não sintomático. Deve sacrificar a parte do desejo do dono à sua realização consciente sem que possa ser assimilado a um sintoma ou a um saber. Mesmo com as suas referências transculturais, o não-dito é individual e inalienável. É o sujeito e é a falta de ser do sujeito, e é ainda contraditoriamente o álibi narcísico do sujeito e seu impedimento passional, o possível-impossível e o impossível-possível.

Entretanto, mesmo se os temas são repetitivos, mesmo se se encontra na representação sempre a mesma marca, não se pode definir um não-dito sistêmico. Ele flutua em função do acontecimento, da emoção, da atmosfera, tanto quanto acontece com o desejo, verdadeiros "deslizes progressivos" em torno do prazer, mas também em torno da vida do sujeito, seus erros, suas faltas, seu destino representado caleidoscopicamente, e entranhados em sínteses espantosas, em atrasos crescentes, deformações utilitárias.

Nisso, o não-dito é estritamente pessoal, até mesmo de iniciados, especialmente na perversidade. Ele implica duplicidade e segredo em relação aos outros, ao mesmo tempo em que implica franqueza em relação a si mesmo. Se há espaço para a culpa e os bons sentimentos, há, acima de tudo, espaço para um raciocínio que visará ultrapassá-los, devolver a confiança ao sujeito e definir as modalidades do impune. O não-dito flagela quando lhe é necessário, confiante de algum modo, assim como recompensado, animado, mimado e preparado. Ele acredita em Deus e o nega, é supersticioso e conjura a superstição por meio de mil e um procedimentos.

Sem dúvida existem, na relação com o outro, sedução, dominação e/ou submissão. Mas o outro não é passivo. A partir de suas reações, daquilo que é fantasiado, de sua beleza alegada, de seus feitos e gestos, se criam as correntes principais e laterais do não-dito do sujeito, que escapam mais ou menos ao voluntarismo: em certos instantes, não depende da vontade do sujeito que nasça a fantasia de querer se colocar no lugar do outro, de inverter os papéis, de se querer o outro (qualquer que seja o modo de relação!), ou às vezes de ficar ao abrigo do outro. Esse segredo aí ainda é menos divulgável porque em função do risco de desmentido que poderia dar o outro ao sujeito, ainda que através de sua fuga, sempre possível.

No não-dito, a noção de fuga é importante. Ela o justifica e o desculpa de tudo conduzir ao desejo do sujeito (inclusive em atos ou não-atos a abstinência). Ela autoriza o romantismo e o remorso como a mais sádica das punições, a onipotência e as identificações míticas, tendo como prêmio a súbita adoração beata e vazia do

Objeto que fugiu. Ela autoriza as mais profundas torturas morais que o sujeito inflige a si mesmo e os desenlaces com *happy-end*, cromado de cores com fundo de música açucarada. Morrer-se-ia de vergonha de confessar a outra pessoa um só instante que se possa verter lágrimas de dolorosa felicidade ao ouvir tamanhas asneiras!

Não é de admirar que se encontre esse não-dito nas expressões sublimadas coletivas como a arte, as religiões, as superstições, instâncias últimas para verificar que não se está só, nem delirante, e para ousar pedir apoio a outrem e às instituições, sob a forma de recompensa ou de punição. Em contrapartida, não é de admirar que se encontre esses temas manipulados e pervertidos por instituições oficiais ou ocultos por personagens carismáticos que associam assim um poder natural à satisfação de seu próprio não-dito. Toda divinização pressupõe o cultivo narcíseo do não-dito de um Senhor e o início da circulação de uma parte do não-dito de cada um, logo assumido pela coletividade dos seres que aí se reconhecem. Indicamos, numa outra obra, e nesta, como se negocia, de maneira a torná-la suportável, a condição de escravos ou de descendente de escravos nos cultos da umbanda ou do candomblé brasileiro e, em especial, como a possessão vem a ser ao mesmo tempo tema e passagem ao ato do desejo e do medo de ser outra vez "escravo". Em tais cerimônias, há sempre uma leitura sexual do não-dito, mais ou menos fácil de decifrar. Nela se encontra a dialética do Senhor e do Escravo, do possuidor e do possuído e, mascarado pelos mitos de reencarnação, o processo que conduz ao amestiçamento (e, no não-dito, o desejo da cor do outro vivido como superior, o desejo do escravo jovem e negro pelo senhor branco e idoso; reviveres de grandes plantações, dos costumes dos senhores de engenho. Outro exemplo disso se encontra na descrição quase entomologista de uma plantação no sul dos Estados Unidos, no livro *Mandingo,* onde o autor expõe quase inocentemente os próprios impulsos do seu não-dito sempre em torno do tema da escravidão e do possuidor-possuído — daquele que tem todos os poderes sexuais sobre outrem).

Pode-se assimilar essa passagem do individual ao coletivo como a tentativa de uma transgressão a ser bem-sucedida lá onde o não-dito é limitado no imaginário e o cultural mais ou menos voluntarizado. O coletivo alimenta em *feedback* cada não-dito individual onde se encontram "seu desejo e seu luto" (F. Perrier) e permite de certo modo que as ambições pessoais se exprimam através da máscara da ritualização, da hierarquização e de uma imagística mais ou menos simplória, quando não se possui suas chaves.

Assim, essa transferência ao coletivo de uma parte da carga, pesada demais para se carregar sozinho, permite sublimar a parte obsessiva do não-dito, da necessidade de repetição ou de repetição da necessidade. Essa projeção do mecanismo obsessivo numa instituição permite eliminar o lado monstruoso, perturbador demais, e devolve a confiança, dentro de um processo de identidade: "mesmo eu, não estou só", poderá dizer o sadomasoquista ao entrar no seu clube preferido. As instituições (especialmente a Igreja, com o inferno e o paraíso) surgem como organizações de defesa contra a insidiosa questão de uma passagem ao ato por demais perigosa. Em geral, elas fazem pagar caro por isso, particularmente pelo intermédio de técnicas de condicionamento, inclusive condicionamento psicossomático, cujo imenso domínio, graças à psicanálise, mal se começa a vislumbrar. Somente os estupefacientes, que deslancham, de forma experimentalmente verificável, modificações cinéticas, calorimétricas, ao mesmo tempo que expressões de gozo quase ao nível celular, além de uma rica imagística sem censura, dão hoje um vislumbre dos dados do problema.

Assim surge a verdadeira exigência do não-dito: o acesso do sujeito em sua totalidade — física, psíquica, macroscópica, microscópica — à possessão daquilo que ele exige, sem sofrer de maneira alguma qualquer frustração alienante que seja. Contraditoriamente, o homem aculturado e social utiliza todos os seus recursos para desviar, justamente por causa da frustração inevitável, uma parte secreta de seu ser, e fazer de sorte que seja outrem quem a proíba ou a rejeite.

Monstruoso e carente de amor, o sujeito, em seu não-dito, aceita atualizar o inconsciente de seu desejo, de todo seu desejo, e, ao mesmo tempo, não quer abdicar de uma certa surdez narcísea e social. Há afrontamento entre as palavras cruas que ele escuta e que gostaria de pronunciar e os impedimentos que as trancam. O não-dito assume isso para permitir a seu dono prolongar impunemente o culto a seu fantasma secreto. Impunidade, narcisismo e segredo são, assim, os três parâmetros indispensáveis à vida sexual de todo ser. Da distância entre esses três parâmetros e daquilo que, na realidade, existe no momento da passagem ao ato, depende o maior ou menor bem-estar do sujeito. Muito mais do que daquilo que está em jogo em termos de Édipo e da castração no recalque, mais ou menos assumido dependendo da época histórica, dependendo de se o bem ou mal-estar individual é ou não um luxo no *Mal-estar na cultura.*

O não-dito que está em questão aqui é aquele do homem comum (não estou dizendo "normal") em sua sexualidade no cotidiano, fora de todas as circunstâncias extraordinárias em geral, sem que as transgressões fantasiadas, desejadas e desejosas, sejam levadas ou suscetíveis de serem levadas a cabo, nem que venham a ser os sintomas invalidantes de uma patologia significante.

O homem comum conhece o sofrimento e o mito. Muito mais que o Édipo freudiano, banalizado por uma psicanálise de quintal, os mitos do homem comum hoje têm a ver com as referências culturais de seu tempo, e em primeiro lugar, e antes de tudo, o cinema e a televisão: a onipotência sexual sublimada de um Rambo, de um Superman. A parte angelical e redentora de um lado, o sadomasoquismo e a violência de outro. Os totens e tabus emergem menos do mito do assassinato do pai primitivo e da horda selvagem que do respeito reservado à infância angelical e angelizante, último avatar da pureza que não se encontra num mundo consumista. A última moda em matéria de totem é a beleza da juventude transformada em valor em si. Até mesmo fazer amor consigo mesmo foi desvalorizado depois que, com uma seringa, o toxicômano passou ao ato; e substituído por um *clip* andrógino dos conjuntos da moda. À banalização e à comercialização da mitologia do homem comum responde como eco sua solidão assustadora, suspensas todas as comportas, diante da questão de sua morte.

O não-dito da sexualidade não pode escapar a esse temível face a face. Não se trata de uma meditação sobre a Morte, mas, paradoxalmente, da banalização da Morte através de imagens televisadas ou cinematográficas, sua redução pela medicina moderna a um inevitável fisiológico-clínico. O homem comum está nu, amedrontado e aterrorizado. O não-dito, então, impede o desejo de carnivorizar o outro para se apropriar de sua juventude e retardar o prazo. Toda falha de potência é interpretada, e com que angústia, como mais um passo na direção do fracasso fatal. Suas manobras desviantes consistem em anular pelo poder mágico do não-dito a marcha do tempo e alucinar um retorno mais ou menos onírico à infância. Entre esse sujeito e seu não-dito, há aliança secreta, voluntarista e paradoxal para afrontar a idéia de morte e anular a angústia paralisante e aterrorizadora da morte, mesmo que pela morte imaginada ou simbólica de outrem (cf. *Saló*).

A obra do não-dito é "aqui e agora" em relação ao desejo que se exprime e que visa a uma passagem ao ato possível ou impossível, desejada ou terrivelmente apreendida. É um acontecimento do instante, mas que se prepara permanentemente e se persegue por longo tempo depois para tornar-se o vivido alucinado do sujeito, sua verdade íntima e secreta, a única que não possa ser censurada. Vê-se então que, ao contrário do recalque do inconsciente, a morte aí está ao mesmo tempo presente e sempre ausente. A atmosfera do não-dito, tão importante quanto o seu conteúdo, pode ser ao mesmo tempo angustiada ao extremo e suficientemente aliviante para permitir a sobrevivência. Entretanto, essa atmosfera pode ser suficientemente melancólica para levar ao suicídio, já que nada na realidade "objetiva" do sujeito o impele a isso, em todo o caso não mais nesse instante que em outro. É que o não-dito é aqui e agora, mas exprime o *flash* de uma verdade indizível que rodeia o resultado de toda a história do sujeito. Isso que, a propósito da sexualidade, a psicanálise, e somente ela, nos ensinou (exceto aos surdos) a descobrir como sendo muitas vezes a política do pior de nossas estruturas psicológicas, de nossas neuroses ou mesmo de nossas psicoses. Quando cessa a fantasia narcisista, conto de fadas (e transcultural), é justamente insuportável descobrir, como diante do espelho, além dos sintomas e fantasmas, o problema de seu ser e de sua identidade. O espaço se abre diante da pulsão de morte, sendo a única proteção o não-dito, cuja forma imaginativa faz o sujeito sonhar e esperar outra vez um futuro de prazer sexuado totalitário e totalizante, voltando a ser assim, pelo menos por um tempo, o verdadeiro no estado nascente e servindo de máquina repetitiva para o assassinato do real.

Somente esse assassinato permanente do real autoriza a crer, para lá do inevitável da morte, numa reinvenção repetitiva da vida e do desejo. E isso, na medida em que o não-dito se exprime numa língua que exclui qualquer proteção, dá livre curso ao verde, ao cru, às abordagens mais libidinosas, às associações proibidas, às transgressões vividas como intangíveis. O não-dito não se preocupa com os efeitos perversos de suas próprias construções, que ele pode eliminar, em benefício de seu dono, por uma construção completamente diferente, inversa mesmo à anterior, ou domar, para colocá-las a seu serviço. O colocar-se ao abrigo dos aborrecimentos (éticos, morais, perversos, neuróticos) se dá para que o corpo possa viver seu desejo, o mais próximo possível do acme desejado e o sujeito possa não morrer.

A luz sobre as agressividades inconscientes, a revelação das motivações escabrosas, participam, evidentemente, do trabalho e função do não-dito. Mas, vale repetir, seu maior poder é o poder de seleção. Ele não é sintoma, é trabalho ativo e, enquanto tal, degela as inibições, abranda o superego, no sentido de uma outra tolerância e prepara as cumplicidades eróticas, em vez de um trabalho de explicitação ou sintomatologia, como pode ser a atividade do inconsciente entregue a si mesmo ou entregue à análise.

A articulação entre o trabalho do inconsciente e aquele do não-dito é fluida, ao acaso, com passagens de sentido duplo, mais ou menos caóticas. O não-dito se apóia evidentemente na economia libidinal do sujeito e evacua mais ou menos na direção do inconsciente coisas impossíveis de se entender ou resolver, mas o não-dito é uma aquisição cultural, inclusive contra as pulsões e as mensagens do desejo inconsciente. O não-dito é tolerante, mas seletivamente tolerante, em função daquilo que se passa "aqui e agora" do lado de Eros. O não-dito não é sonho subconsciente, nem lugar de passagem, ele está a serviço, mesmo se tortura, se engendra melancolia, se impõe ao sujeito, seu senhor, imagens e pensamentos que o angustiam, dão-lhe medo e culpa. É a lixeira destampada da história do sujeito, a partir do momento em que o sujeito está preocupado em relação a Eros e faz existir aquilo que não era existente o suficiente para a passagem ao ato. De uma certa maneira, ele é a transferência do sujeito sobre si mesmo, na medida em que é composto de elementos eróticos mais ou menos censurados. A qualidade operatória do não-dito necessita de uma liberdade em relação ao sujeito, garantida pelo segredo. Se há trapaça, é uma trapaça lúdica, com piscadelas de olho. O sujeito, mesmo narcisamente, não se deixa enganar muito. Ao dito secreto, ele pode opor a atmosfera, o clima e a mudança voluntarista. A auto-agressividade é bem menos exigente que a agressividade em relação a outrem (quantos rivais ou seres sublimes, belos e indiferentes, morrem nos horrores das mais sádicas torturas ou são condenados aos serviços escravos mais vis no segredo do não-dito de cada um). Fora de tudo aquilo que é mais ou menos voluntariamente excluído daí, o não-dito implica sempre um certo autocontrole, mesmo na alucinação imaginária do real e nas mentiras do Eu.

O voluntarismo não controla tudo e a mobilidade do não-dito reside justamente no compromisso instável entre aquilo que surge do voluntarismo e aquilo que, mais ou menos filtrado, se assemelha ao mundo das pulsões, à economia libidinal, e lhe vem de seu fundo arcaico, na condição de que isso se torne inteligível ao sujeito e não se exprima num modo simbólico (o não-dito não é um sonho nem uma sessão de análise). O não-dito tem necessidade de crueza e de crueldade, é vida assim como a vida, é o som no escuro, sempre onipresente, o parceiro forçado. Ele é aquilo que o sujeito sofre ou deseja nele. Ele é a falta e aquilo que preenche a falta, antídoto e verdade em relação ao sintoma e ao símbolo. Ele torna caduco o sofrimento e o permite. O todo está numa finalidade que está longe de ser exclusivamente psíquica e, pelo e no ato, leva ao corpo. Aliás, um dos temas essenciais do não-dito gira em torno do corpo: de outrem e dos parceiros, porém mais ainda, do corpo do senhor, de sua feiúra, de sua beleza, de suas insuficiências, dos órgãos genitais idealizados ou insuficientes, de sua capacidade de gozar e fazer gozar, de Narciso e dos vermes. Tudo aquilo que separa a sexualidade do homem da do animal e não a conduz, portanto, ao instinto puro, mas, do mesmo modo, tudo aquilo que não é controlável na idéia de morte, e que se impõe a ele, ainda que seja o impossível de gozar ou o envelhecimento da carne.

Gostaríamos de ressaltar aquilo que há de emaranhamentos, repetições, contradições, de emocional, arcaico e construído, de lógico e alógico, de supersticioso e de racional dentro disso que chamamos de não-dito. Ele é movimento, ele é repetitivo, monótono e renovado como a vida, mesmo a do sujeito. Pode ter efeitos variáveis, alguns medidos e desejados antecipadamente, outros mais ou menos imprevistos e, portanto, mais ou menos combatidos. Eles raramente são paradoxais em vista da finalidade que é uma passagem ao ato com o corpo. Assim, o lado repetitivo do não-dito, o clima conhecido, com ar de *déjà vu,* e a ritualização são os melhores protetores contra os efeitos paradoxais que podem, entretanto, surgir, e são, então, fontes de angústia, mais ou menos dependendo dos núcleos patológicos da personalidade do sujeito e de seu reprimido, de algumas cenas primitivas. Mas, mesmo aí, o lado cultural e voluntarista do não-dito permite, então, negociar mais ou menos bem essa emergência da angústia, a partir do momento em que se torna insuportável para o sujeito e não participa de seu desejo masoquista.

O impedimento de gozar, em seus efeitos paradoxais, também pode se situar do lado da hipocondria da qual o sujeito está mais ou menos consciente. Consciência do fato de que a hipocondria é para ele um derivado da impotência, pois ele sabe que ela é caricatura, e não realidade atual, mesmo se, obliquamente, ela atualiza antigas questões. A litania não-dita, centrada nas características do órgão doente ou da fadiga absolutamente extraordinária, no próprio momento em que se coloca a questão de fazer o pedido ao outro ou no momento de se desnudar e de pôr a nu o órgão cujas dimensões ou estética se subestima, é moeda corrente e visa a anular o desejo por medo profundo e antigo de ser sancionado aí, imediatamente (o que, na psicanálise, se relacionaria com a angústia de castração). Às vezes se encontra na origem disso a influência exagerada de um padre, de um familiar, de um pai que por muito tempo, sadicamente(às vezes por encobrir seu próprio desejo da juventude do outro!), colocou na consciência do sujeito uma relação entre o diabo, o inferno e a sexualidade em sua realização. Não está longe a época em que o sadismo institucional se exercia em relação à masturbação. Ele ainda é atual. Isso que o sujeito se diz das masturbações, mesmo quando encontra com elas o seu cortejo de fantasias as mais amplas e as mais completas satisfações, mais que em todo ato que inclua um parceiro. Aí, ainda, o não-dito comporta uma parcela de autopunição, de remorsos deliciosamente ou não dolorosos, dos quais uma parte significativa se exprime e exterioriza através da somatização.

Está na hora de se colocar a questão da utilidade normativa do não-dito: ele a comporta o suficiente para manter relação com a realidade e deve relaxar e absolver o suficiente para não manter demais, e por muito tempo, um estado de mal-estar, na falta de que o sintoma, em particular hipocondríaco, toma o poder e legisla em seu lugar. Quer dizer que o compromisso se exerce na própria expressão da linguagem interior: às construções lógicas se misturam meias palavras alusivas, imagens mais ou menos justapostas, esboços de formulações contraditórias, de pensamentos evanescentes. O não-dito cavalga ao mesmo tempo em diversas direções divergentes entre as quais fixa aqui e agora sua opção, experiência de fato informulável e que, se é exteriorizada, logo se demonstra reducionista (mesmo G. Bataille não a alcança completamente em seu admirável *Experiência interior*), distante do desejo iniciatório, impedindo o sujeito de se engajar no seu desejo. Paradoxalmente, é graças ao compromisso normativo silencioso, constantemente atualizado e também constantemente censurado, que o não-dito exerce a sua função, que é a de desalienar o Desejo. De fato, é sacrificando uma parte que ele chega a desalienar o essencial, que é, afinal, ter prazer no ato. Coisa que, exceto morrer, jamais pode ser uma causa completamente perdida.

É o incógnito na lei que permite a seleção dos sonhos (em especial pré-noturnos) e do imaginário e a seleção das fantasias; é esse incógnito que favorece a masturbação ou o fetichismo, ou qualquer prática solitária, esse incógnito que, ao mesmo tempo em que lhes abre espaço, permite descartar a culpa e a repressão social e cria, assim, condições para uma autonomia sexual mínima.

É, portanto, todo um trabalho de dessolidarização com o eu social, com a imagem ideal da criança encaminhada pelos pais, com um "umbiguismo" narcisista, com toda forma de desejo maternal, que o não-dito empreende para permitir a única solidariedade que vale, a do sujeito e de seu desejo. Ele não é, nesse instante, mais um substituto do desejo do outro ou de um desejo morto. Ele é o desejo dele. Ele é sujeito. Em sua complexidade que visa ao gozo, ao mesmo tempo em que luta contra a melancolia e sua morte real, anunciada e programada, mesmo se está em suspenso aqui e agora, ou mesmo se o não-dito associa ao mesmo tempo um luto imaginário, seja anterior ou não. O que é possível, se a situação exige, para chegar à satisfação, a entrada em jogo da totalidade do sistema significativo do sujeito. Para que uma verdade, aqui sexual, venha a ser a sua. No encontro bem-sucedido do simbólico, do imaginário e do real.

Sabemos que esse encontro nunca é mais que assintótico. O Outro é o outro, portador de uma alteridade inacessível, sejam quais forem os meios de sedução utilizados anteriormente, sejam quais forem as obrigações impostas na passagem ao ato. O Outro possui um não-dito que se transforma numa interrogação ansiosa para o não-dito do sujeito, obrigado a censurar seu pedido por medo de falar demais, por sua vez. E ainda, por mais que se comunicassem ao extremo, é impossível para um e outro transmitir a vibração, a atmosfera, as durações e resultados de uma pulsão arcaica que, aliás, lhes escapa mais ou menos, e de todo modo, não é destinada a um interlocutor exterior, asserção verídica apenas para o próprio sujeito. É a própria mutilação da palavra que é mensagem fundadora da relação e não o inverso. Toda transmissão se tornaria imediatamente comprometedora, incomodaria seu objeto — a representação da passagem ao ato — conduziria o sujeito a um impasse onde o inverso do desejo, a repulsa (legalista), tomaria o poder como que se impondo à imagem de um e de outro.

O Outro só pode ser identificado à imagem do desejo e não à imagem de seu desejo. No entanto, ele tem necessidade de seu próprio desejo para passar ao ato e responder de maneira satisfatória às solicitações do sujeito. Estas devem incluir jogo o suficiente para deixar todo seu espaço à imaginação em ação do ou dos parceiros. São imagens que se projetam, imagens de um para o outro. A palavra, que detinha poder demais, representaria uma grande ameaça de aniquilar cada um enquanto objeto de desejo para o outro. O não-dito é uma maneira de reconhecer esse sentido e somente ele permite que a unificação temporária se realize, sem que se afigure um bando de trapaceados e de maneira que cada um tire dela seu prazer.

Enquanto refúgio do inefável, o não-dito, que é lugar de todos os "além" da palavra, cria essa coisa inaudita em que o outro se transforma, num mesmo movimento, sujeito-objeto e, em função disso, é aceito enquanto tal na troca. Isso só é possível porque um e outro são, ao mesmo tempo, desejosos, solicitados em nome desse desejo, ao mesmo tempo gratificados e gratificantes, na medida em que deixam de lado a reivindicação afetiva do desejo totalitário das reparações narcisistas. Situação paradoxal, que faz da abolição ou da colocação entre parênteses do essencial do desejo a condição essencial para seu atingimento no ato. Situação em que o intelectual e o inteligente desinvestem o intelectual e o inteligente para atingir o instinto, para permitir o corpo a corpo. A partir do acme do ato, o imaginário e o intelectual retomam o topo e seu trabalho para recriar o objeto fantástico do desejo de um e de outro, sem o qual só voltaria a haver lugar para o luto, a melancolia e a morte.

Criador de história, o não-dito remete o ato a seu lugar, como mais um antes do seguinte, que será certamente melhor que o anterior ou tão bom quanto aquele que esteve o mais próximo do êxtase. Jogando sobre o repetitivo embelezado pelo imaginário, ele limita o lugar do luto, da melancolia e da morte para, às vezes, o substituir o Amor, outro mundo a criar, e que postula o sucesso biológico, somático, construindo-se sobre o mal-entendido do imaginário.

Mal-entendido pois o amor surge de um mito a inventar dentro de sua própria constelação, mas que supõe, para ser, ser entregue ao outro (que não pode ser esse mito senão por um espaço-tempo muito limitado já que, em nenhum caso, ele participa ao nível do desejo, da historicidade completa do sujeito). Todo o mundo deveria saber que o amor passa pela sublimação da sexualidade, que não é senão o que ela é, o espaço de um instante, enquanto que o desejo não tem, em nenhum caso, que se justificar de uma sublimação. Ele é, de uma certa maneira, "objetivo". E o não-dito não faz senão escorar essa objetividade, "fazendo falar o saber de sua falta" (F. Perrier).

Em outras palavras, diferentemente do amor, o não-dito desposa a realidade interna e externa do sujeito. Ou, mais exatamente, com uma precisão entomológica, a cerca de mais perto, dissecando tanto o real exterior quanto o simbólico e o imaginário, na própria medida em que a realidade é impossível de se conhecer. Ao contrário do recalque, que "não quer saber de nada", graças ao qual o sujeito utiliza o fantasma para seu desejo, o não-dito não pode ser cúmplice do "princípio de prazer" a não ser mobilizando tudo e em especial aquilo que poderia formar um obstáculo à passagem ao ato, tudo o que conspira em segredo no sujeito pela boa causa, com, especialmente, como assinalamos mais acima, uma dependência-independência em relação ao desejo do outro.

Para permitir que o outro venha a ser valor narcíseo para o sujeito, sujeito que não pode ser outro que não Narciso, ao abrigo da linguagem para não deixar de ser Narciso e recuperar por sua conta o amor suposto ser, o do outro. Condição exigida, mesmo na violação, para a passagem ao ato.

Se isso pára de funcionar e o prazer se torna um impossível verdadeiro, se o sujeito entra no "luto de um gozo inacessível" (F. Perrier), o sujeito está maduro para a melancolia ou para a morte. A fusão silenciosa do sujeito e de seu não-dito é definitivamente seu único e verdadeiro objeto de amor-fusão para ele que, em nome do amor, autoriza também o ódio, ou pelo menos a ambivalência de si em relação a si, sem os quais toda passagem ao ato seria a primeira e a última.

III

Técnicas

O NÃO-DITO DA ANÁLISE

Tudo está bem organizado, ordenado. Não importa o que se tenha. a análise é ordem dentro da ordem. Ela não deixa espaço para o lixo.

Vamos esclarecer: não se trata de um novo discurso contra a análise, já existem muitos. Ela continua sendo uma das raras aventuras verdadeiras do mundo ocidental. Trata-se de uma crítica à sua pretensão de ser científica. Pois em relação à ciência, ela tem apenas um ponto em comum: o tédio.

Tédio não só do conteúdo e do que contém, mas tédio daqueles e daquelas que a praticam, instituem-se guardiães do Templo e perseguem, rotulando, toda forma de prazer. Pois o não-dito da análise se situa, em primeiro lugar, na dificuldade de viver dos analistas. O mistério de Jacques Lacan reside tanto em sua arte de viver pessoal, aristocrata, gozador, alegre e irônico, quanto no seu discurso, que, aliás, não é de se desprezar, e de sua prática, que deixa alguns pontos de interrogação. Ao contrário, e porque é público, é de culpa e de feiúra que sofre o imenso François Perrier que, por toda a vida, se esforçou por gozar, pagando tão caro por isso.

Como fazer para destilar um tédio tamanho? Através de dois métodos: o terrorismo burocrático em primeiro lugar; ele seria suficiente para convencer a rever as desventuras de diversas escolas ou o papel de "conselheiro" que desempenha esta ou aquela figura (freqüentemente ex-stalinista) da análise. Mas, sobretudo, e é este o objeto deste capítulo, evacuando ou ritualizando aquilo que é perturbador, as atmosferas, as melodias, o afetivo do mundo psíquico e sua cinética própria, sua justaposição, seus atrasos, suas aceleradas. Mais e mais a análise se fechou em causalidade, evacuando quase sistematicamente a intensidade (com a exceção notável de Jacques Lacan, que, pela dimensão mesma de suas sessões, lhe conferia valor).

Isso ocorreu ainda mais na medida em que a imagem do pai fundador, Freud, é abatedora, pelo tédio e respeitabilidade. Depois de ter experimentado cocaína, ele transformou o conteúdo imaginário de sua "viagem" numa teorização cada vez mais asséptica. O não-dito da análise começa aqui na mentira por omissão do grande Freud em relação àquilo que ele sente e que, na melhor das hipóteses, traduz em papaguear. Pois os zelotes poderão muito bem afirmar, e o fazem há decênios, que Freud disse tudo, todo o mundo sabe como se perverteu a verdade com o papaguear, língua de sutil mistura de coisas verdadeiras e coisas falsas, ritualizadas e ossificadas no dogmatismo pesado, língua que se fecha numa escolha sempre insuportável: obedecer — e portanto, censurar — ou "trair".

Não se pode condenar os analistas pelo fato de que têm uma concepção do sujeito e de seu inconsciente. Pode-se censurá-los por traírem a si próprios em sua concepção ao tornarem-se ideólogos. E eles se tornam ideólogos em função desse imenso não-dito escandaloso: sua própria dificuldade de viver a vida pessoal. Tal é o impasse que toma conta de todos os ouropéis da teoria e engendra, o que é pior, uma prática perversa, porque é hipocritamente totalitária sem ter meios para isso, sem buscar meios para isso, ou pelo menos, que impusessem a simples honestidade de dizer aquilo que é. Somente a verdade, em sua complexidade, é científica. O não-dito, aqui, é o peso do real, o peso do sofrimento e da impotência do analista. Apesar de que, ao contrário, como diz Denis Vasse: "Há maneiras de se falar das coisas íntimas... que são uma forma de negar ou de camuflar aquilo que elas têm de vivas."

O analista exclui aquilo que, no fim das contas, é o essencial, isto é, o atual. Aquilo que dentro do caos se passa em outra parte diferente do discurso e seu silêncio. Aquilo que não é diretamente "útil" para a sessão (abusou-se bastante da noção de "economia psíquica") e se encontra além do aquém do condicionamento dentro do ritual analista-analisando. Tudo o que, por exemplo, vive o corpo na análise, de que as concepções paragroddeckianas dão apenas uma caricatura, e que, de fato, vai muito além disso, como vai além aquilo que não está no discurso do paciente, o olhar, por exemplo.

Não é tanto a longa lista do que está excluído ou afirmado que é interessante, é aquilo que não é do recalque, que não chega a se dizer dentro da e pela técnica, e que não se reduz à estratégia das "defesas". Uma dessas questões fundamentais é a interrogação do paciente sobre a vida real de seu analista, e as verdadeiras razões que ele tem para nada dizer.

Responder que a análise é a análise do inconsciente, não é nada satisfatório. Como se o inconsciente fosse uma mecânica material, inerte, isolada da atualidade do sujeito, como se o desejo não funcionasse aqui e agora em todas as suas modalidades (inclusive e sobretudo perversas). Se o inconsciente é estruturado como uma linguagem e se o inconsciente é "o discurso do outro", o que é que faz com que, em nome da técnica, mas na prática pelo fato do poder, não circule, não se exprima ou se exprima numa forma sempre censurada um imenso não-dito perigosamente reconhecido-mal reconhecido?

Sem dúvida, se pode dizer que aí não se trata senão de uma atualização que, ao se exprimir, se instaura no engodo da libertação. É verdade que há ilusão na fala libertadora. Mas também não deixa de ser verdade, ao contrário, que para lá da noção de transferência existe uma relação de poder — dependência entre o analisando e o analista que nada tem a ver com o álibi da técnica, que surge, antes, dessa dependência voluntarista e ativa do toxicômano, que se edifica na construção de um duo, que a vontade ambígua de um e outro conspira para tornar indissolúvel. Nessa condição de duo, falta ao analista a qualidade suprema de ser inerte, como o "pó". É seu silêncio, então, que substitui a inércia do pó, remetendo ao mistério e à onipotência seu poder.

É claro que não é no próprio nome que o analista não responde à fala do outro, mas seu silêncio e sua posição dentro do silêncio respondem, porque essa posição foi escolhida pelo analista e não necessariamente em nome da ciência analítica. Além do mais, com o álibi de que o "real" é impossível, então se pode interrogar-se sobre a dependência em relação ao real, única possibilidade que nós conhecemos bem que tem o toxicômano de fugir, pelo menos um pouco, da angústia da morte.

Vai se notar incidentalmente que a única possibilidade de escapar a esse duo é fazer falar o próprio corpo em vez da boca, daí o aumento vertiginoso dos suicidas, das toxicomanias e da psicossomática depois do surgimento da sociedade psicanalítica (o declínio atual em nada retendo a penetração da ideologia psicanalista na sociedade). O corpo se torna um dizer, lá onde o não-dito é imposto, ou pelo menos, o dito esterilizado.

Se a dor tem um sentido, é quando ela exprime a tentativa de apreender uma certeza. É ainda o corpo que se sai melhor — bem na frente do poeta que não encontra a palavra certa — no sofrimento como no gozo. A análise vai se situar sempre aquém do gozo, pois ela não autoriza mais que um conhecimento controlado, à distância, protegido, ao mesmo tempo em que é, é verdade, protetor. A falta (e nisso o toxicômano é sempre um exemplo, porque vive na desmedida), então, nunca está distante, e é pelo fato de não querer dizê-lo que o sujeito é, em sua verdade, comparável a nenhum outro.

Porque a sedução nunca está ausente, mesmo estando proscrita, a análise se constitui em forma elaborada da solidão. Solidão não escolhida e escandida pelo ritmo das sessões que introduz a necessidade da repetição e a repetição da necessidade, sem produtividade, nem fertilidade, portanto, em situação perversa. Estar só na presença de alguém que supostamente sabe da necessidade de sedução, mas que, de fato, a proíbe em sua realização, é o mais belo exemplo de situação perversa que pode existir. A solidão não pode se resolver a não ser no dizer da sedução seguido da passagem ao ato, coisa que, no direito analítico, é impossível. Daí a esterilidade do dito, mesmo o mais audacioso. Daí a esterilidade da análise enquanto meio de sair disso, como ilustra a situação do toxicômano, que tem sempre necessidade de terapias transicionais, como mostra a evidência. Pois é no seu corpo que faz nicho o significado, enquanto que o analista está presente para não ter corpo, mesmo se ele pretende, como diz François Perrier, estar sempre no lugar do outro que falta.

O não-dito está instalado — para não desaparecer nunca mais — nessa solidão da sedução, e na sedução da solidão. Fazer seu analista compreender, sentir, apreender que o corpo do analisando não é outro, não é senão a linguagem, mas ontogeneticamente, arcaicamente, dor e prazer, é o sentido proibido de toda situação analítica.

Interrogar-se sobre o não-dito da análise é obrigatoriamente descobrir que entre o corpo do analista e o corpo do analisado se passa algo que, muito mais que o incesto, será barrado pela proibição.

Reduzir o corporal do analista ou do analisando é sacrificar aquilo que, na realidade, se impõe a todos e a cada um (apesar de se poder conceber o perigo conservador de fenomenologizar a experiência analítica, como sublinha Perrier).

A análise não está perto de sair desse dilema, presa entre o inconsciente a decifrar e o consciente, e não cedendo o lugar que lhe é devido à censura ativa, não somente a da fantasia (embora se trate disso também), mas a do conteúdo mais ou menos arcaico de um desejo, seja ele da ordem da paixão amorosa, da necessidade erótica ou da necessidade mortífera. O que foi feito, enfim, com a organização da pulsão de morte fora do discurso e do silêncio? O que foi feito do imediato após o gozo?

Na medida em que essa censura ativa não pode servir de objeto nem de espaço transicionais fecundos, não há dentro da análise senão possibilidade para um espaço perverso, estéril. Ser analista fica sendo, na prática, analisar o sentido do desejo e não sua realidade. A realidade é sempre barrada antes da última instância na medida em que ela é perigosa para a posição do analista, mesmo se o duo analista-analisando se aproxima do mais verdadeiro do desejo, ou pelo menos, do mais verdadeiro do desejo do analisando. O objeto desconhecido da análise não é o suporte da libido do analista, mas antes a não-realização de seu desejo, a não-passagem ao ato. Pois não existe, por mais antigo que seja no seu exercício, por mais antigo que seja o duo que ele entretém com seu analisado, um analista sem desejo. Mesmo quando não é mais que "pura repetição" (F. Perrier), permanece dentro da análise algo da ordem do desejo.

Em relação àquilo que se pode chamar de a verdadeira vida, não há possibilidade de trapacear. Saído de sua sessão, o sujeito fica com seu não-dito debaixo do braço, fica com o real debaixo do braço.

O toxicômano, mais que qualquer outra pessoa, sente isso, ele que vive essa realidade rica, ambígua e justaposta da droga, que é ao mesmo tempo uma prática, uma simbologia e um imaginário. Jamais a análise (nem um outro real) fará com que ele encontre na verdade o mundo desse tipo de prazer ou de gozo.

Há na análise alguma coisa de estéril. Aquilo que o paciente não pode exprimir nem viver é da ordem do sabor, da consistência, dessa espontaneidade que dá uma emoção intensa. Nenhuma significação é capaz de substituir a intensidade. Mesmo a intencionalidade não é capaz, prensada entre o momento em que ela é ainda inconsciente e o momento exato em que se torna, não consciente, mas pré-consciente, ali onde funciona a censura ligada à situação da análise irredutivelmente acorporal, exceto quanto a fazer da transgressão o ponto final de uma análise "bem-sucedida".

Situação, em suma, banal, pois desde o seu nascimento é de falta que todo sujeito sofre — sendo o desejo, por essência, tentativa de preencher uma falta. Mas a dimensão específica da análise é que ela designa a falta e visa preenchê-la (ou deslocá-la) por meio de palavras, quando a falta de falta pode além disso ser criada por uma prática (a do toxicômano não é a única), prática que é proibida no duo analítico. (Há aí ligação punitiva, terrorismo institucional que faz com que se possa introjetar um bom objeto simbólico como signo de identidade do sujeito, enquanto de fato a exigência do sujeito, em seu desejo, é um objeto que cria uma consistência material e/ou corporal. E que ele possa possuir ali, naquele instante, e não com adiamento, não por procuração.)

Nessas situações, o não-dito vem ao lugar do discurso significante, incluindo aí o do desejo, ao mesmo tempo receando e desejando o momento-escansão do desnudamento desse desejo contraditório e a possibilidade, ali, logo, da passagem ao ato única, não repetitiva.

Lá onde o gozo não é verdadeiramente proibido, mas onde ele faz perder alguma coisa que se assemelha ao "senso de honra", lá onde o gozo é alienado pela categoria do social, o não-dito é aquele do sujeito que é, sem ser completamente, seja qual for o reaparecimento do recalque inconsciente do qual ele se beneficia graças à análise, seja qual for a parte dedicada à análise da fantasia. Quase que se pode falar aqui de segunda cena, em relação ao que Freud chama "cena primitiva". Cena igualmente significativa, mas que se situa do lado do social atual, mesmo se a memória está em jogo, cena que tem a ver com a identidade do ser — mas aqui e agora — o ser ali, diante da falta, que não tem mais nada de arcaico e da qual apenas ele, na consciência, possui as chaves. O analista, apesar de sua escuta, não tem mais que o olhar. Ele se transformou, nesse instante, em *voyeur*. A questão do ser que se acredita ter normalizado através de uma solicitação de análise se encontra colocada em outra parte, com mais força na medida em que é a mesma neste instante para o analista, sujeito que porta saber, supostamente, mas tão inseguro quanto o analisando diante desse mistério do desejo e da transgressão impossível ali, naquele momento.

Portanto, sempre haverá interrogação "muda", desnudando a diferença entre o "dizer tudo" teórico da análise e justamente aquilo que não se diz porque não se pode passar ao ato. Notemos, de passagem, que os confusos teóricos da Terapia Gestalt resolvem o problema através de pantomimas ou simulacros igualmente frustrantes, porque são brincadeiras e não atos de amor ou, na melhor das hipóteses, atos de amor sem posse. Não importa o que se fizer num momento dado, não há mais escoadouro possível. Há obstrução. A obstrução é formada pelo não-dito que não é bem do inconsciente nem do pré-consciente, que está ali e não está ali.

A questão colocada, não resolvível dentro desse quadro, é "ser ou ter" (F. Perrier) e a resposta só pode ser "falta de ser, falta de ter". Por falta de querer saber demais sobre o desejo do sujeito em análise — e, em pingue-pongue, sobre o ser do analista — mas mais longe ainda, na interrogação sobre o ser e o desejo dos genitores de um e de outro. A partir do momento em que se coloca as questões para alcançar a verdade não redutora (e que de todo modo nunca será mais que virtual), tudo deveria se jogar no acme da enunciação e da passagem ao ato. Coisa que, por definição, está proibida. Coisa que é "justa" dentro do contexto da análise, mas redutora e frustrante no contexto da "verdadeira" vida. A análise pode ser culturalmente justa. Ela não permitirá jamais ao sujeito estar em falta de falta, o que, em si, antes promove movimento que morte, mas que não traz ao sujeito aquilo que está no coração da questão do êxtase, em todo o caso, do gozo: o acme unitário.

Não é esse, com certeza, o objetivo da análise mas, por mais que se teorize, é isso que tem origem no não-dito da solicitação do analisado. O analista sabe muito bem, pois ele próprio buscou isso em sua análise, ainda que dentro da problemática do narcisismo.

É o presidente Schreber quem diz que "seja como for, deve ser realmente muito bonito ser mulher no momento da cópula". Aí, tudo é emoção, sensação, desejo e desejo da passagem ao ato, e não discurso, que só pode ser incompleto e portanto censurado. Pois se trata de outra coisa completamente diferente de um saber, se trata da relação íntima, indizível, no nível mais próximo do corpo corporal e de seu desejo, bruto, líquido, sem origem, aqui e agora, com e sem o conhecimento dos dois parceiros.

Ainda que, já que se está em análise, se coloca no não-dito do sujeito, mesmo nesse instante, a questão do desejo dos genitores, já que eles fizeram aquele filho que experimenta aquele desejo naquele momento. Mas a própria amplitude do cataclismo psíquico, de uma tal sucessão de questões fundamentais, as sepulta de toda maneira num outro não-dito de outra natureza: o não-dito da impossibilidade — eu diria, técnico. É verdade, a sucessão de sessões pode reconstituir um dito. Mas ele será linear e portanto, redutor, estéril, comparado à imensidão da ação emocional do tempo vivido aqui e agora dentro do psiquismo e do corpo do sujeito. Tão impossível de se analisar em palavras quanto o sintoma "frigidez", por exemplo, como diz Jacques Lacan.

No limite, quase se pode dizer que o gozo só se torna possível quando não há transmissão verbal, vivido como um vôo, um despossuir da exigência do corpo, que não tem o que fazer com um saber. O desejo não tem sentido. Ele é pelo menos aqui e agora. E o sujeito nasce nesse momento aí, de seu desejo que ele descobre pela primeira vez, que lhe dá nome ao mesmo tempo em sua história e fora de sua história. Instante único do "não-sei-o-quê" e do "quase nada", caros a Vladimir Jankélévitch, que não basta interpretar ou entender para que sempre exista apenas no campo da psicanálise. Os objetivos de uma cura psicanalítica só podem ser perversos pela questão do corpo corporal e mais especialmente do corpo desejoso de seu analista logo e agora.

Assim se revela a diferença entre o que é analisável, isto é, entre o que é da ordem da significação, e aquilo que não é analisável, o que é da ordem do acaso cinético, psíquico, do informulável, da atmosfera, do ambiente, do conflito justaposto. É verdade, se trata, aí, também desse "campo imaginário de intra-realidade psíquica do sujeito" (F. Perrier) e de libido. Mas não se pode reduzi-lo a isso, já que se trata de fluxo, de tumulto, de desvio e sobretudo de alogicismo extralinear. Em outras palavras, é impossível reduzir a questão do não-dito em psicanálise à questão do não-dito da fantasia e de seus apoios imaginários, assim como à solução hipotética que constitui para o sujeito o auto-erotismo perverso ou incestuoso. O não-dito permanece sempre não do lado do absurdo ou do incoerente, mas do lado daquilo que, no instante imediato, emerge do desejo e da não-passagem ao ato. Com referência a uma lei, a da ordem analítica — que ele aceitou não tornar caduca — seja qual for o seu desejo. Esse não-dito se situa no caso exemplar em que o desejo do sujeito faz a lei sem que essa lei possa ter acesso ao ato, no lugar da lei da análise erigida em verdade total. É nesse lugar que se introduz a fantasia — *a posteriori*, ouso dizer — no não-dito da passagem ao ato. Quando o desejo deixa de ser quase impulsivo para ser submetido à lei. Lei editada no interior de um mito, o da análise intocável, e que um outro mito, o da ética da psicanálise, reforça.

Diremos, com F. Perrier, que "o corpo vem no lugar de uma ética impossível", desde o momento em que ela tenta se aplicar ao desejo. Não é o discurso do outro que funda o sujeito. É o desejo, na medida em que é permitido ou proibido. E na medida em que é permitido ou proibido, nos encontramos outra vez diante da questão da falta, a qual, inscrevendo-se no quadro da lei e da ética, remete ao erro, à culpa. É dessa falta diante de uma pessoa qualquer, que não é qualquer (o analista) que nascem o erro e o impossível dito.

Pois, se a interpretação é sempre possível em toda a parte, o que virá em seguida (se se permanece na análise) não será jamais a satisfação, mas o desvio. Aqui, a fala é resposta que ecoa. No final, mais vale o não-dito, pois o sujeito continua com a sua ilusão de um possível. Que o analista fale ou interprete, que tenha ou não efeito de verdade, pouco importa, se não há ato único. Enquanto passagem, esse ato não pode se inscrever na análise e se transforma no não-dito. "Aqui, isso não fala", porque é consciente e é censurado, com o conhecimento dos dois parceiros — que estão, nesse plano, em igualdade — porque há fracasso da descorporização do corpo, há presença do corpo do analista e de todo outro corpo não simbólico dentro do corpo desejoso do analisado.

Por esquecê-lo excessivamente, já não se encontra nada do sexo real na análise, nem de seus atributos físicos, como por exemplo a ereção no homem ou sua ejaculação. Por se dizer excessivamente: a função sexual não funciona, o orgasmo é um significado, não uma volúpia; é assim ali, na sessão, mas queira ou não, ele se transforma nisso também fora das sessões, pervertendo seu prazer. Aquilo que o sujeito não pode dizer é que a análise, nesse estágio, é uma forma de alienação, que o priva de gozar, no momento certo, por algo que vem da lei do outro, sentido aqui como o inimigo que coisifica, seja qual for a inteligência que se possa ter da transferência e da contratransferência.

Aí está o obstáculo intransponível da psicanálise, nisso de ela própria definir suas finalidades, a saber, aquilo que é, para ela, a realidade psíquica, o inconsciente e o desejo, colocando como princípio que há fantasia e realidade e que não pode haver confusão entre as duas.

Acabamos de ver que todo ser humano tem ao menos um momento de acuidade, em que ele se inscreve de maneira radicalmente falsa contra essa pretensão, que é apenas técnica. Mesmo se a psicanálise se inscreve em "clarões de verdade" (por exemplo quando uma interpretação toma a convicção íntima do sujeito), não importa o que se faça, ela não permite, jamais, a expressão "parida" da acuidade emocional, afetiva, desejosa, pois se há alguma coisa bloqueada na análise, não é o analista nem o analisando, mas o desejo deles e sua concretização.

Talvez também seja preciso buscar a explicação no envelhecimento histórico da análise ancorada num sistema de valores muito "trabalho, família, pátria", e que se escora numa certa idéia da normalidade das condutas e, em especial, das condutas sexuais, fetichizando assim um corpo sexual em oposição à liberdade de um imaginário cujo desenfrear, controlado ao longo das sessões, será o derramamento de um fluxo liberador de um comportamento normal.

O que o aparelho "burocrático" da psicanálise não diz é o processo de produção de tal modelo, fácil de verificar através da literatura das diversas escolas. Quem pode negar, por exemplo, as conotações moralizantes e portanto puníveis da noção de "perverso" ou pior, de "estrutura perversa". Através do que Baudrillard chamou de "fetichismo do significante" se institui um código daquilo que é "bom" e daquilo que é "mau", sem que isso possa jamais ser dito. No fundo, trata-se de uma estratégia de cegueira em relação àquilo que justamente o freudismo permitiu vislumbrar, a mobilidade caótica e não redutível à técnica nem à ideologia da dialética corpo imaginário de um sujeito desejoso.

A aventura estruturalista da psicanálise edificou um conjunto, um sistema, que se tornou mais uma referência significante que o discurso do outro e que persiste, uma vez o sujeito deitado no divã. Verdadeiro superinvestimento de um ritual rígido e frígido em detrimento daquilo que fala, se fala e se diz e, muito mais, daquilo que se vive, inclusive na ocasião da descoberta de seu inconsciente, levando, de fato, o sujeito a um outro tipo de ausência de si mesmo. A análise se torna, como teme F. Perrier, o espaço do enunciado, em vez de permanecer o espaço da enunciação.

É fetichizando o enunciado que se chega ao estágio onde ele se torna indiferentemente idêntico para um ou outro analisando, cada um se tornando conforme (cópia conforme) a um modelo (o que explica por exemplo o sucesso e a íntima verdade dos quadrinhos de Claire Bretécher). De "estruturado como uma linguagem", o inconsciente tornou-se estruturado como a gramática definida pelos próprios analistas.

Para sujeitos que realmente têm qualquer coisa a dizer, (do domínio da urgência, por exemplo), não há lugar na rigidez e no reducionismo de um tal sistema: à função pervertida somente um impulso pervertido é capaz de responder, tentando justapor numa prática a realidade, o subjetivo, o objeto parcial e o não-dito e isso, no domínio mais censurado, o gozo. É o exemplo ideal do toxicômano pois ele não pode jamais promover o encontro de sua realidade psíquica e a do analista (salvo se este é ou foi toxicômano), a não ser que acue o analista numa "negação de si dada a si mesmo" (F. Perrier), quer dizer, exatamente, numa situação perversa.

Essa posição perversa teve início quando a análise tomou a palavra enquanto escola, enquanto ideologia. E quando cada analista resolveu se identificar com esta ou aquela posição, negando o seu imaginário e o imaginário de seu analisando. Não é que ele recuse a palavra do outro. Mas a pré-significa. Esse campo constante de referência é o que impede o outro de ser o outro e o remete a algo que ele conhece bem — a censura — obrigando-o a dizer, na sessão, a palavra "epistemologicamente" correta. Pode-se ter uma percepção disso nas querelas bizantinas para saber as diferenças entre gozo e prazer, real e realidade, real e verdade. Discussões que surgem da epistemologia filosófica, mas que não têm nada a ver com aquilo que se justapõe na cabeça e no corpo do sujeito, ali, na sessão, logo e agora. (Que a excitação venha do exterior ou do interior do sujeito, que ela corresponda a uma necessidade instintiva ou não, tudo isso, bem entendido, em função da presença do outro, a saber, o analista em carne e osso, mesmo se na insularidade do psiquismo do sujeito, se pudesse dizer que o outro não é senão uma representação alucinada.)

A partir do momento em que se está a dois, não há mais insularidade (qualquer um pode verificar isso), mas fluxo de desejo, que a teorização ideológica e o terrorismo barram, e que produzem, por conseguinte, não-dito.

Quando existe um sistema de saber, o essencial é excluído. Dissemos, nas pegadas de Serge Leclaire: quando a análise se torna sistema de saber, ela não permite ao fluxo de desejos o acesso ao gozo, ainda que através do dito. O dito advém do saber, isto é, não importa o que se diga, do não-imaginário e do não-imaginante do gozo (F. Perrier).

A partir da posição do autodesmentido do analista, em nome de um saber ideologizante, se organiza, através do cerimonial da representação analítica, o desmentido, o não-dito do desejo do analisando, colocando-o em posição perversa, como a do Negro, filho de escravos na sociedade brasileira atual. (Pode-se, a propósito, questionar o valor, nessa sociedade, da coexistência de uma psicanálise branca e de um candomblé negro). Essa mentira visa a promoção do desejo enquanto passagem ao ato entre dois sujeitos sem que ele seja coisificado, reificado (muito mais que anulado como o desejaria a ideologia não dita da análise).

Priva-se o sujeito de qualquer coisa e ele não o pode dizer, exceto se anular a análise, colocando-a em questão na realidade de seu analista, remetendo seu analista ao medo de descobrir que "isso" existe verdadeiramente e dos dois lados. Em nome da própria análise, a relação é marcada por uma proibição diferente da do incesto e que não se pode resolver na questão da transferência. (Na medida em que o desejo se transforma em necessidade?)

A proibição da análise (poder-se-ia lacanizar: a proibição!) se encontra no prazer ou na dor, em todo o caso, no reconhecimento do corpo. Vamos ousar ir mais longe, dizendo no reconhecimento do corpo falando seu desejo, o que invade as platabandas do próprio objeto da análise, para passar ao ato. A análise não se resolve a resolver esse problema da troca que ela remete ao domínio do não-dito, como faz uma Igreja.

Talvez seja porque ela não admite a transformação do desejo em necessidade, tão empenhada está na questão da dívida (também nisso unindo-se à Igreja), na da morte, não tendo encontrado nenhuma outra coisa como horizonte que não o desenvolvimento linear ontológico do homem (estando, portanto, completamente ultrapassada por aquilo que o homem sabe hoje, nos tempos dos astronautas e da droga, sobre outros espaços e outros tempos, na cinética psíquica do homem). A necessidade de prazer hoje se objetivou fora do instinto e do impulso enquanto forma organizada de valor de sobrevivência possível.

Que o analista ali esteja não para encontrar o seu prazer, afinal de contas é seu ofício e ganha-pão. Mas o que é feito do prazer do outro, a partir do momento em que a análise postula um todo (ao menos o tudo dizer)?

É verdade, por definição, o analista se assume como outro, mas isso não se dá simultaneamente à coisificação desse outro, que toca incansavelmente o sino da dívida?

Aquilo que remete ao saber, à mutilação, obriga a fazer festa sozinho na posição do perverso.

O NÃO-DITO DA MEDICINA

A medicina, dizia Henri Péquignot, é o "encontro de uma técnica científica e de um corpo". Pode-se falar de técnica, admitir como verdadeiro o científico, impedir o corpo de falar? Toda definição do médico a partir do próprio médico tende a conduzir o sujeito que sofre e sua doença a um modelo que, se não fosse reducionista, para poder ser operacional, seria um mal menor, mas parece querer se alçar à dignidade de visão global, sobre a qual fundar um "Poder" médico, relegando aquilo que o homem doente é capaz de viver, sentir, fantasiar às vitrines dos objetos sem interesse, no máximo justificando uma psiquiatrização ou uma psicologização (remessa a um outro poder paramédico) daquilo que batizamos de "sintomas".

O discurso da doença, como o do doente, sem dúvida faz do problema "uma coisa" exterior e objetiva que toma conta de todo ou de parte do corpo do paciente. Mas, ao mesmo tempo, o sujeito preserva uma relação subjetiva, semipossessiva, semi-acariciante, de acerto de contas, com sua doença. Aliás, isso se vê melhor quando se trata de doenças psicossomáticas, uma vez que se apaga o traçado orgânico para ceder espaço a um sentimento difuso dominado pela intensidade, o afetivo e a duração de tempo. O acerto de contas se desloca em relação ao médico quando este, especialmente quando trabalha no sistema médico institucional, minimiza a intensidade da dor, não leva em conta a dimensão afetiva, fixa uma duração muito grande ou que será ultrapassada pela realidade do tempo de sofrimento.

Não se pode abordar o não-dito da medicina sem, a partir dessa fenomenologia do vivido íntimo, desse tempo doente escandido pela intensidade, o afetivo, a duração, recolocar em questão a relação que todo homem tem com o secreto e o sagrado. Espante a superstição, ela retorna a galope assim que se toca na morte, no envelhecimento, no sofrimento. Nossa Senhora de Lurdes ou Santa Teresa de Lisieux são na França apenas as manifestações institucionais e reconhecidas de um modelo que se encontra também em Canindé, no Nordeste do Brasil, assim como nos transes dos balubas, entre os que lêem a sorte nas nossas civilizações ou os djounouns do Marrocos. A razão se divide, explode, fica arriscada a destruir-se a si mesma confrontada com o câncer, a lepra ou a Aids. Isso não se pode dizer nem a si mesmo. O sujeito se exaure num combate íntimo entre a razão e a paixão, combate esse mais íntimo na medida em que, historicamente, numa série de civilizações, a doença é filha do pecado, pois a lembrança ainda é forte, no inconsciente coletivo ou individual, das práticas de ordálios visando exorcizar, e que, ao mesmo tempo, essas cerimônias de liberação e de exorcismo viram enfraquecer sua credibilidade oficial.

O não-dito essencial da medicina reside nesse conjunto de adesões mágicas, de superstições mais ou menos estruturadas, enfim, de juízos de valor, que têm apenas uma relação longínqua com a objetividade científica da qual se pavoneiam os homens da Arte. Como diz F. Laplantine, "estar doente, ter boa saúde, são noções que transbordam de significados". Esses significados não são necessariamente lógicos, pacificados, desapaixonados e o são menos que o medo, como a dor e desempenham um papel não desprezível.

A categoria do homem doente é a de um homem inferiorizado. Ele próprio se vive, mas é também vivido pelos outros como tal, desvalorizado, infantilizado, meio enterrado. A imagem mais clássica, porém a que mais fala, é a do hospitalizado, de pijama, submetido a horários insensatos e às interpelações paterno-maternais das enfermeiras, à arrogância do corpo médico, do externo ao chefão. Há graus, uma hierarquia, nessa inferiorização, doenças nobres, outras que não o são. Ontem, o câncer lhe excluía antes do tempo do mundo dos vivos. Atualmente, certos tipos de câncer se comportam bem, outros permanecem inconfessáveis. Em resposta a um não-dito coletivo, a hierarquização no sentido da inferioridade evolui ao passo e na medida do progresso ou da atenção da mídia ou da população afetada. Assim, a tuberculose foi uma doença romântica até o primeiro terço do século XX; depois, pelos antibióticos, e porque ela veio a tornar-se uma doença dos pobres e do Terceiro Mundo, quase se transformou numa doença vergonhosa. Laplantine enfatiza, além disso, que essa inferioridade acarreta, como nos sub-homens, atitudes que vão da resignação à resistência. Com, num extremo, um ódio do doente por si mesmo, como pode haver ódio de si da parte de árabes ou judeus. Ao contrário, existe, no seio das equipes de tratamento, no segredo, mas também na conivência, um ódio por certos doentes que não são "bons" doentes, ou por certas partes do corpo doente, que se encontram sob outras formas, como por exemplo a obsessão da infecção ou dessa ou daquela doença em particular, ou ainda, mais insidiosamente, no comentário diagnóstico ou prognóstico que será mais ou menos pessimista de acordo com o tipo de doente ou a natureza da doença. Sem atingir a fuga alucinada da doença ou do corpo de um Céline, a atitude inferiorizante da equipe médica representa a parte não dita do medo-ódio que a pessoa tem de ficar ela própria doente. A atitude muitas vezes agressiva das parteiras para com as parturientes é a manifestação exagerada das projeções pessoais naquilo que foi por muito tempo vivido como uma expiação do pecado (tu parirás na dor) que coloca ainda a questão ambígua, contraditória, para a mulher, do prazer e da dor.

O medo-ódio das equipes médicas tem, como fonte essencial, irredutível, profunda, visceral, íntima, o medo da própria morte. Liliane Boisseau-Ludwikovski insiste no fato de que ao escolher a profissão de médico, o homem exorciza sua própria morte através da objetivação da dos outros; ela mostra o papel do "uniforme", da blusa branca, nessa simbolização da diferença. Da mesma natureza é o distanciamento do próprio medo diante da própria loucura que instaura o psiquiatra. Depois de Freud, o não-dito se negocia na prática psicanalítica, nesse compromisso que é a passagem possível do papel de tratado ao papel de quem trata. Daí emerge um outro não-dito, o da ambivalência do par médico-doente, um querendo a todo custo cuidar, curar, para comprovar seu poder sobre a morte, o outro agarrado a um sintoma que o protege de coisa pior, de um futuro desconhecido vivido como temível. O sintoma, longe de ser inimigo, chega a buscar uma certa forma de prazer (estamos falando do masoquismo em certas doenças, não necessariamente psicossomáticas: por exemplo, do hábito de certas pessoas de se arranhar até sair sangue).

Pouco a pouco, a pessoa se encontra numa situação inédita. contraditória, um jogo cujas regras são mudas, censuradas: ao se ocupar de um paciente, sobretudo gravemente doente, é ao mesmo tempo de si que o terapeuta está tratando, verificando simultaneamente seu poder, o fato de que não vai ser atingido, não vai morrer, e sua superioridade em relação ao doente reduzido ao estado de sub-homem. Por outro lado, o paciente se entrega nas mãos de homens, e de um sistema, dos quais espera o alívio de seus sofrimentos, talvez mais que a cura, mas que ele vai enganar, desprezar, provocar. Pede-se a ele que seja paciente submisso, virtuoso (regimes, proibições, reeducações, limites etc.), e ele organiza dissimuladamente linhas de resistência, posições de recuo, concluindo mais ou menos justamente que é incompreendido, que estão zombando dele (o que é em parte verdadeiro) ao mesmo tempo em que, sem que ele o possa formular, sua exigência não corresponde com seu desejo, o qual, se sabe, é de conservar os benefícios da doença, sem pagar por isso o grande preço, benefícios não apenas íntimos, psíquicos, mas também tirados de relações mais ou menos sádicas com os que o rodeiam, os filhos, os pais, os familiares, obrigados a pródigos cuidados, atenções que, em outros tempos ou outros lugares, não estariam dispostos a dar. Quem não conhece aquelas visitas forçadas ao hospital, aquelas esperas de horas sentado na esperança de que uma outra pessoa venha lhe substituir? Essa utilização do sofrimento para lhe fazer outra vez obedecer, sem murmúrio nem resistência? De certa maneira, estar doente representa uma certa "chance" por si mesmo, na medida em que não se diz, conveniência que vem em socorro dos ódios recalcados, dos rancores inconfessados. Tornando-se o destino de uma pessoa, a doença autoriza muitas coisas: o amor, como o despotismo, desqualifica um certo tipo de relações, de convenções sociais, autorizando as dialéticas do Senhor e do Escravo. A dimensão afetiva, sempre presente, nunca torna, entretanto, as situações simples ou claras. É por isso que o não-dito desempenha um papel tão importante na relação do doente com o outro. Tudo isso que acabamos de dizer não se exprime, pelo menos diretamente, mas passa por mímicas, sinais silenciosos, (atrasos ou esquecimentos nas visitas, tom das palavras de apoio, olhares, olhos que espiam, espreitam as reações, olhos inquietos ou inquietantes, falsas inocências no olhar, desmentido das palavras pelo olhar), signos emitidos ainda pelo médico quando ele fala com o paciente, ausculta o pulmão ou decifra os resultados de laboratório. A acuidade dessas trocas é intensa, ainda que possa estar mascarada pelo desejo ou não-desejo do doente: desejo de saber mais ou de receber confiança, desejo de ignorar sua dependência ou, ao contrário, seu sadismo, retornos beatificantes à infância, que autorizam a categoria de assistido e a reforçam, para uma melhor proteção. O não-dito da partida que se joga coloca, portanto, a doença, o doente, os que cuidam dele, numa guerra de movimentos onde nada é neutro nem inocente. Doença que é algo que está em jogo no nível individual dual e social. No nível individual, a doença põe tudo em questão e em primeiro lugar a imagem narcisista de si, liberando todas as fantasias, todos os medos ou transcendendo-os para engrandecer, amadurecer, modificar. Vêem-se todos os estágios, muitas vezes fragmentados, com elementos um do outro, depois em seguida a resignação, a submissão, até a repulsa, chegando à resistência, à sublimação, à elevação, enquanto que os temas, objeções, argumentos se alternam dentro do discurso íntimo com fases de esperança ou de desesperança que não têm nada a ver com a real gravidade da doença. No nível dual, é o jogo da mentira e seu espelho, da sedução, do poder, da submissão ingênua à dependência masoquista, de uma relação onde, fora a técnica, mesmo no caso de um ferimento simples, se coloca a questão da vida e da morte.

Do ponto de vista social, a doença é o que está em jogo de um poder e de uma potência na maior parte das vezes ocultos, e é nessa medida que existe conflito sub-reptício entre o interesse individual (curar) e o institucional (perpetuar, engrandecer, vender). Embora as questões econômicas da saúde estejam na ordem do dia, as sociedades pós-industriais que não têm mais necessidade de recuperar os efetivos (definição de uma certa medicina militar) se colocam a questão do custo exorbitante, não lucrativo, da saúde para todos, esta última produziu imensos *lobbies* como os da construção de hospitais, da farmácia, da aparelhagem médico-cirúrgica, da pesquisa. Aí, como em outros ramos, existem medicinas nobres, em voga, e outras que o são menos: a batalha em torno da Aids ilustra antes de uma eventual oscilação criada pelo medo, esse ponto de vista que vê levantar-se o bloqueio de imensas somas, se mobilizar os meios de comunicação de massa, personalidades, instituições religiosas, porque o não-dito da Aids remete aos antigos medos mal apagados, toca na parte íntima sexual de todo o mundo e foi recuperado por *lobbies* potentes, enquanto que a doença de Chagas, que mata milhões de pessoas, porque é uma doença ligada à miséria, à ignorância, não mobiliza ninguém, os ricos não se considerando afetados. Dentro desse contexto de poder, o indivíduo só conta enquanto o que está em jogo. Isso é evidente nos congressos médicos e na caça por publicações. O doente pode ser glorioso ou tornar-se um incômodo (é o caso de toda passagem ao crônico). Ao contrário do incômodo, pode se tornar útil: é o caso da velhice que se transforma em mercado, do medo de envelhecer de todo o mundo (daí o medo extraordinário das demências ditas senis, em especial do mal de Alzheimer). O mercado médico flutua, ninguém o diz, em função de interesses múltiplos, e o inconsciente coletivo é cada vez mais solicitado a pesar suas decisões econômicas e sociais.

Para que o inconsciente coletivo possa funcionar, evidentemente, é preciso encontrar correspondência na pulsão, nas necessidades individuais, sejam de medo ou de esperança: a doença é apresentada, se apresenta, como uma inimiga que, bem antes da morte, põe em jogo um ideal pouco a pouco modelado: a saúde. Ora, a saúde, enquanto ausência de sofrimento, não é suficiente; o modelo se completa com uma dimensão estética que em geral se cala (ou, ao contrário, se superinveste nela, na cirurgia chamada "reparadora"). Essa presença da estética está ligada à norma obrigatória que, cada vez mais, faz parte de nosso condicionamento psicoafetivo comunitário. A própria marginalidade se torna normativa, com suas regras, seus estatutos, sua geografia. O campo da medicina é mais que qualquer outro o da normalização em torno de três elementos essenciais: o sofrimento, a velhice e a feiúra. Situados no coração do aparelho de cuidados, inclusive da organização de sua arquitetura: ou seja, do lugar reservado aos velhos, aos crônicos, cada vez mais excêntrico, seja no interior do hospital, seja no exterior, isolado pouco a pouco do resto dos vivos. Isso acarreta outro não-dito sobre o qual se baseia a terapêutica. É preciso que ela aja depressa (na normalização, o tempo terapêutico desempenha um papel importante para a exclusão: é preciso andar depressa, reagir depressa, senão a pessoa se transforma em "crônico", e é, portanto, eliminada). Os tratamentos de ponta, as técnicas cirúrgicas, biológicas, eletrônicas, modernas têm tanto quanto a ambição de curar melhor, o objetivo de curar depressa; a terapêutica é como uma divisão blindada na guerra de movimentos: agressividade, ataque frontal, em massa. Os antibióticos ilustram perfeitamente essa estratégia; a hiperintervenção é a regra consensual entre o paciente e o aparelho dos cuidados. Se o paciente quer outra coisa, tem que trapacear, renunciar a ser cuidado ou aceitar; passo importante na desvalorização, ser considerado como um "psíquico". Notemos que pré-condicionado como está, submetido a um ideal do Eu, jovem, belo, sem defeitos, ele fica a maior parte do tempo de acordo, ou resignado. As técnicas comportamentais aí estão para botar ordem em tudo aquilo que, doença ou não, está fora da norma, condutas, comportamentos, sendo reputados negativos ou positivos. Quando a doença não pode ser tratada depressa, a recuperação exige no mínimo o alinhamento com certas normas.

O sujeito logo sabe ou pressente, antes mesmo de estar doente, que vai entrar num universo onde o aparelho está à sua disposição, mas onde, de fato, ele está igualmente à disposição do aparelho. Essa noção fundamental ele tem interesse em não esquecer, pois seu conforto psicológico, até mesmo sua sobrevivência, dependem mais ou menos de sua adaptação ao sistema. Assiste-se, assim, à criação de uma verdadeira *nomenklatura* com recomendações, apoios, privilégios, escolhas de próteses. Esse sistema se fundamenta numa certa lei do silêncio, tanto funciona bem como mal, mas explica, em parte, o fato de tantos excluídos da medicina oficial, por sua vez, criarem, preservarem, aderirem a medicinas paralelas, a gurus, a superstições. (Até mesmo a Igreja oficial, que mantém em serviço seus exorcistas.) Essas mesmas exclusões suscitam desvios, concorrências, subespecializações, que têm como missão preservar o crédito dos que encontraram um novo caminho e manter os pacientes dentro de uma rede institucional que não rejeita a norma. Têm seu lugar atualmente nessa nova rede as múltiplas variantes de cinesiterapias, osteopatias para o corpo, ou para o espírito, as diversas psicoterapias e outras terapias familiares. Ali onde a palavra não pode passar, organiza-se uma outra linguagem do corpo, uma outra palavra igualmente quadriculada porque pertence a uma concepção sistêmica. O acaso, o afetivo, o emocional agudos não têm lugar a não ser que passem pelo moinho de um reducionismo asséptico. Mesmo a loucura se analisa, no sentido freudiano do termo, ou, quando não se pode fazê-lo, entra numa fôrma, seja neurobiológica ou sociátrica. Paradoxalmente, a loucura hoje entra totalmente numa concepção normativa, devolvendo ao extremo da saúde os marginais para quem se coloca a alternativa "punir ou curar". Isso se vê com os toxicômanos ou os travestis, que mexem tanto com a noção de doença como com a de saúde.

Pois o não-dito da medicina é esse percurso buscado entre o demiurgo que quer controlar tudo e a criatividade do homem, inclusive na doença. O médico acha que explica tudo, que tem, no sentido próprio, o direito de vida ou de morte. Em seu Magnificat, vislumbra a felicidade suprema através da saúde, literalmente endeusada, qualificada pela OMS como um estado de bem-estar físico e moral. Faz dela, em si, um objetivo social, mesmo que para isso, sendo o custo muito pesado, seja preciso organizar-se a segregação, seja preciso que reapareçam intocáveis no próprio coração das democracias. O homem torna virulentos vírus de animais relativamente inofensivos, gera a loucura sob outras formas, volta a questionar sua sexualidade não somente através da Aids, mas pelo questionamento sobre aquilo que é normal, natural, aquilo que não o é, se suicida apesar, ou por causa, da Previdência Social, descobre a solidão sem a decrepitude ou, ao contrário, o mal de Alzheimer em plena maturidade. O homem testemunha ainda, sempre, um destino que não é redutível ao modelo animal, que inventa as doenças de sociedade ali onde a biologia ou a genética se queriam triunfantes.

O divórcio é pronunciado de cara pois a imagem que a medicina tem do paciente com os seus males não corresponde absolutamente à imagem que esse paciente tem desses mesmos males e de seu terapeuta. Não se tratam as imagens, no entanto; são elas que são constantemente mobilizadas no desenvolvimento de uma doença. Imagens mais pungentes na medida em que a regra implícita quer que elas não se possam formular, ou pelo menos, não na intensidade de sua carga afetiva. (As técnicas de expressão verbal das psicoterapias de grupo, do tipo Gestalt, exprimem elas próprias a seus "adeptos" mais sentimentos e sensações aqui e agora que o capital afetivo armazenado a longo prazo pelos pacientes. Por mais que elas pretendam tudo dizer, são codificadas, canalizadas, censuradas, pelo administrador e pela regra do jogo!)

Essas imagens não são mágicas ou supersticiosas, não são simples coadjuvantes. Compõem o corpo da personalidade do doente fundido a seu mal. Remetem a técnica e a causalidade àquilo que são: um mal reducionista necessário a uma prática, a menos má, na etapa histórica atual, mas que, na sua própria historicidade, se confunde com o mal absoluto da nossa modernidade: miséria da moral, da ética, solidão mercantilizada, morte asséptica, mas quão aterradora, pois perdeu todo sentido, deuses às ordens, fim dos mistérios ou da poesia. Ninguém pode dizer que a medicina ou os médicos são maus em si, mas o movimento perverso do poder dentro da eficácia criou, cria todos os dias, uma medicina-Deus, que vive cada vez mais voltada sobre si mesma, para si mesma, com seus dogmas e seu culto.

Isso se diz, isso se analisa, em termos econômicos, antropológicos, sociológicos, morais. Isso se denuncia em ensaios ultrajados ou indignados. Mas não impede que na hora agá, solitário, nu, pequeno, cada um, um dia, se veja confrontado com a provação, seus executantes, sua representação.

É preciso escrever aqui intimista, cercar o mais de perto os desvios, contradições, medos, reconhecimentos, que merece um tal trajeto. É preciso buscar a diferença impalpável entre o dito e o não-dito, o sentido, antes mesmo que seja formulado, o pudor considerado como uma coisa sem importância e que, portanto, impedem, mais vezes do que se imagina, que os doentes sejam cuidados a tempo. Em seguida, o sentimento de culpa que os invade quando o terapeuta neles critica a negligência, o medo indizível que têm de serem punidos por sua falta, medo reforçado pelos murmúrios, grunhidos, ironias ou pior, ares abatidos de médicos e outros cirurgiões "que não podem garantir mais nada". Para além do pudor, as violações de intimidade, o desnudamento de feiúras secretas, de desgraças verdadeiras ou fantasiadas ali estão, no mesmo momento em que se espera a palavra de reconforto que não vem, ou que vem mal. Mais que tudo, a dor, em si, a pequena que não se ousa sequer evocar, a grande, a cancerosa, a insuportável, que ronda, mina, aquela que lhe devora vivo, lhe faz aceitar qualquer coisa enquanto que o outro, todo-poderoso, inacessível mesmo se ele é a própria bondade, não pode nem quer ultrapassar seus limites, pois ele "sabe" que essa dor é "natural", "obrigatória", vai passar, ou melhor, ou então, ai de mim!, está além de qualquer recurso, até o fim. Dor que se conseguiu fazer crer que era um dom do céu, ao mesmo tempo em que o mais crente dos crentes aí abandona seu Deus, estando porém condicionado o suficiente para não ousar dizê-lo, nem a si mesmo.

A dor coloca — com que brutalidade! — a questão do Sagrado, da doença, da cura. Mas se, como sublinha François Laplantine, no Ocidente, após a Gália, a doença é o mal absoluto, mesmo se a Igreja toma suas precauções em relação à doença-redenção, no fundo da íntima convicção de muitos indivíduos, a doença sublima, exalta, enriquece, porque ela é vivida como uma provação de ordálio, mais ou menos inspirada pelos deuses, que permite ao homem triunfar sobre uma certa animalidade. O homem cumpre uma missão dentro de seu mal, que pode, aliás, viver como a punição das faltas cometidas ou fantasiadas. O trabalho reparador não é o fim da doença, mas a ascese, a elevação, a superação, que permitirão, talvez, o fim do mal, mas também uma libertação mais alta.

Tudo isso é ambíguo, contraditório, dentro de nossa sociedade moderna. Talvez o mais terrível dos não-ditos seja a hesitação constante dos indivíduos entre a adesão a uma concepção científica da medicina (que muitas vezes dá resultados) e, ao contrário, o desvio furtivo, secreto, mais ou menos vergonhoso, em direção aos curandeiros do corpo e da alma, o retorno do significado arcaico que lhe invade, do qual se tem medo, na medida em que ele é explorado por tantos charlatães, enganadores, falsos gurus, cientistas vestidos de religiosos ou verdadeiros religiosos que não se encontram a si mesmos. É evidente que quanto menos as causas científicas do mal são claras, menos o poder médico é capaz de aliviar os sofrimentos ou assegurar a cura, mais o significado arcaico ressurge, se instala, governa a razão. A contrapartida da onipotência proclamada do poder médico é a exigência rápida, instantânea, da aplicação de um tratamento de ponta, tendo por corolário uma cura imediata, se possível, indolor. Aqui intervém o jogo sutil das culpas cruzadas que fazem com que, no retorno de um pensamento selvagem, o terapeuta seja culpabilizado pela doença, do mesmo modo como o meteorologista pode sê-lo em relação ao mau tempo. Mais longe ainda, o sentimento se impõe sempre, mais ou menos censurado, de que o terapeuta, não somente não é bom, mas é, além disso, maléfico, hostil. O sujeito tenta combater logicamente esses sentimentos, em especial porque o terapeuta, bom ou mau, detém o poder institucional, da prescrição dos medicamentos à indicação de uma hospitalização. Permanece, entretanto, a ambivalência reticente e não dita do sujeito que se fia em seu instinto, nos "papos" dos acompanhantes, nos conselhos. No tabu da saúde, esses "papos", esses conselhos, ocupam um lugar imenso. Participam do clima geral de cada decisão, valorizam tal homem, tal instituição, tal método, desacreditando outros. O não-dito é assim alimentado por um rumor oculto. Dele dependerão muitas coisas, em particular o papel terapêutico que vive o doente em relação a si mesmo.

Ambivalência, significados arcaicos, dependência admirada ou invejosa representam as formas modernas mais degradadas dos sistemas de crenças que presidiram em outros tempos as relações do corpo e da alma, do tempo em que a doença era considerada um castigo. São também o contrapeso de uma representação do homem como máquina que precisa ser consertada ou jogada fora. Jogada fora ao menos pelo aparelho médico que faz a triagem dos sujeitos dignos de interesse e os outros (os "crônicos", os histéricos...) Rico ou pobre, poderoso ou humilde, todo homem sabe que vai morrer. Cada dolo, cada doença serão vividos como uma prova, vitória ou derrota diante do prazo irremediável. Essa guerra tem seus sucessos, mas o resultado final é conhecido. O problema todo está em administrar o melhor possível o estado de guerra pessoal para chegar no vencimento do prazo o menos mal, o mais tarde possível. Aí onde os deuses não mais desempenham seu papel, o imaginário constrói outros deuses, dos quais o da onipotência médica não é o menor. Diante da importância colossal dos orçamentos para a Saúde — particularmente nas disciplinas que usam pesquisas de ponta que só interessam, numericamente, a um número restrito de pacientes, enquanto que, por outro lado, a fome e as epidemias continuam a seviciar — é possível conceber que se trata tanto de exorcismos como de cuidados, de vontade, não dita, de ser tão forte quanto Deus, de atingir a imortalidade, de tornar real a fantasia, enfim, de anular a própria morte.

Esse estado de não-inocência não pode, evidentemente, ser dito na prática do cotidiano. A relação médica aí é, como diz Balini, citado por F. Laplantine, o "resultado de um compromisso", operatório na medida em que traga vitórias ou em que se trate de "verdadeiras" doenças, marcadas por sua conformidade com os modelos médicos. Esse compromisso deixa de existir, total ou parcialmente, assim que no imaginário de uns e de outros as derrotas se seguem aos sucessos. É preciso viver aquilo que os psicanalistas chamam de contratransferência, que não existe somente na especialidade deles, para medir o peso de ódios recolhidos, rancores, afastamentos progressivos, resíduos que se acumulam nessas relações médicas.

Isso é para dar segurança, para manter à distância? É irremediável? O processo de medicação exige sempre um estado de despojamento (de inferiorização, já dissemos) em primeiro lugar individual, depois social. Esse despojamento tem um discurso oficial: necessidades técnicas, obrigações econômicas. Mas, assim como no século passado Parchappe punha em prática, no plano dos hospitais psiquiátricos, a marcha inelutável dos pacientes agudos rumo à cronicidade (os crônicos ficando relegados aos pavilhões mais afastados, próximos da morgue!), do mesmo modo, o discurso oficial hoje mal disfarça a necessidade fantasiada de afastar aqueles que não correspondem, não apenas às normas de saúde, mas talvez, na mesma medida, às normas da beleza, da juventude, de uma certa estética do convívio.

O não-dito está, então, além da angústia de morte, embora tão prenhe, além do medo diante do sofrimento, embora tão legítimo, em um outro temor: o da exclusão da comunidade dos vivos, o de ser designado bode expiatório das fantasias do grupo social, que indica um novo clero para proceder ao sacrifício. Na Idade Média, a lepra; nos tempos modernos, a loucura; hoje, os toxicômanos; amanhã, os "aidéticos"?

O NÃO-DITO DA CIÊNCIA

Que relação tem um discurso intimista com a ciência, senão que o angustiado, o feio, o andrógino, o mortal, têm necessidade de uma lei para assumir suas vidas, quando, na ausência de Deus se voltam para uma verdade que querem objetiva, à qual atribuem uma missão de explicar o Mundo, seus mundos, de lhes dar sentido, de lhes fazer crer (se não usufruir) no progresso permanente, portanto, na imortalidade possível?

O primeiro não-dito da ciência enquanto imagística de Epinal é mesmo aquele do benefício pessoal, íntimo, que cada um espera tirar em relação à doença, ao sofrimento, à morte. Basta ver o ressurgimento dos grandes temores ancestrais a propósito da Aids para avaliar o quanto a medicina em que se superinveste proclama sua onipotência e reprime a angústia mortífera de cada um. A medicina, dir-se-ia, não é uma ciência exata: o caso da Aids explode em plena época de rigor genético, a mesma que tende a atribuir à medicina o estatuto de "verdadeira ciência", ladeada por seus apêndices biológicos, químicos, fisiológicos, celulares e infracelulares. A relação íntima de todo homem com essa medicina exata mudou bastante nos últimos decênios. O homem (pelo menos o ocidental) deixou de se preparar para a própria morte, esperando da medicina muito mais do que diz que espera, pois ela deixa entender, em sua onipotência, que pode (quase) tudo.

Essa onipotência orgulhosa é o segundo não-dito da ciência. Assistimos a uma verdadeira tomada de poder ideológico por cientistas que dispõem do direito de vida e morte sobre os outros homens. O progresso se transforma no álibi ideológico de aventuras as mais incongruentes, de manipulações, em virtude do direito imprescritível à pesquisa, do dever de ir em frente. As "ciências" humanas, tão pouco científicas em si mesmas, marcam passo com as ciências exatas e pretendem (roçando muitas vezes o ridículo cientista) erigir-se em ciências objetivas para serem reconhecidas e reivindicar sua parte do poder. O último avatar é o dos psiquiatras, que se precipitam sem cultura nenhuma naquilo que batizam de ciências neurológicas, acumulando gráficos, diagramas, curvas e estatísticas, o que seria risível se não se impusessem ao homem doente, privado de seu imaginário, de sua aventura individual, de sua liberdade, se não marcassem toda patologia com o selo de um determinismo ainda mais espantoso na medida em que não é submetido a nenhuma crítica nem a nenhum rigor. Não-dito do não-dito, fecho da abóbada do edifício, compensação gloriosa contra o imenso medo que fez nascer a psicanálise: o que é proibido, exorcizado com raiva e ódio, combatido com a fé e a força dos frades soldados é tudo aquilo que, de perto ou de longe, tem a ver com o desejo, a perversidade, os impulsos e o imaginário, em suma, tudo aquilo que diferencia o homem de uma máquina físico-química, ou do animal, aquilo que faz parte do irredutível da humanidade, ou seja, a liberdade.

Assim, mentindo mais ou menos a si mesmo, como criou Deus à sua imagem, o homem eleva a ciência a fetiche, ao qual o une o laço indestrutível, destinado a evitar a angústia de morte, mas também Édipo, o incesto, a castração, tudo aquilo que, fobia ou poesia, neurose ou sinfonia, escapa ao discurso da causalidade linear, ao inerte sem rupturas, ao fluxo, quedas e torrentes que desafiam o reducionismo positivista.

O terceiro não-dito é, com efeito, a recusa do hiato entre a metodologia obrigatoriamente reducionista das ciências para chegar aos resultados objetivos, concretos, e a iniciativa necessariamente não-reducionista de explicação do mundo, de compreensão do incompreensível, de concepção da cultura, das civilizações, do imaginário, até mesmo da doença, recusa que permite submeter a antropologia, a etnologia, a etnografia, a psicologia, outras ainda, às leis que canalizam na aparência a matemática, a física ou a química, fazendo assim o impasse sobre o não-conhecido, o casual, os efeitos perversos, as novidades desconhecidas que carregam e geram a cada descoberta as ciências chamadas exatas. Acumular estoques de conhecimento não é desinteressado nem no plano do poder nem no plano da ideologia que autoriza essa tomada de poder, botando na conta de um não-saber provisório a irredutível especificidade viva, em todo o caso, humana. De tal modo que o branco, o espaço, o não-conhecimento também surgem da ciência tanto quanto aquilo que é formalizável, verificado pela experiência. Experiência que "esquece" que ela é posta em cena por operadores humanos, formulando *a priori* um objetivo, metas, que já estão atingidos a partir do momento em que a hipótese é formulada. O não-dito dos cientistas reside de fato no "irracional" de tais atitudes, cujo destino é presidido por simplificações abusivas, já que não seriam nada mais nada menos que escandalosas se fossem exercidas em outros campos. A ambigüidade reside no não-formulado mais ou menos voluntário daquilo que não será colocado em termos de equações, de fórmulas, de causalidade, relação constante e negada com o irracional, cuja rejeição, freqüentemente violenta, mal disfarça uma intimidade mais ou menos aceita, dissimulada, por trás de um discurso cada vez mais abstrato ou formal, que tende a exorcizar o não-sentido, sinal de abertura de um além. O além em questão é deísta, vasto conjunto de mitos e de mitologias, admitindo um presente organizador do cosmos, portanto, da singularidade humana, ou reconhecimento psicologista de um inconsciente e de um imaginário cujas chaves não estão nem numa supercibernética, nem nos modelos de cérebros ou de inteligência artificial, menos ainda num patrimônio genético que se imagina que possa explicar o talento assim como a loucura (o suporte físico-biológico, esteio de um ponto, tem apenas uma relação de contigüidade, e não de continuidade, com as fantasias, com Eros e Tanatos).

O não-dito científico recusa existência às "exigências impossíveis" de que fala E. Levinas, ao mesmo tempo em que se confronta com elas. Ferida secreta que todo homem de ciência carrega nas costas, a possibilidade de um pensamento diferente, que não precisa se justificar para existir, em todo o caso, existir em outra parte, que não obriga a aderir, a integrar um sistema conceitual definido de uma vez por todas. Como diz Henri Atlan: "O real não é verdadeiro, se contenta com ser." A recusa obstinada do real enquanto diferente do verdadeiro, organizado como uma defesa no sentido psicopatológico do termo, é talvez o elemento consubstancial da iniciativa científica atual. Febrilmente amedrontado com a idéia de entrar no universo de uma "Desrazão", que remete ao mundo íntimo de cada cientista e coloca inevitavelmente a questão da opção pessoal, da obrigação de cada um de se referir a uma lei. Pode-se compreender assim o quanto a questão da estética (talvez numa menor medida, a da ética; voltaremos a isso) é realmente esvaziada pelo discurso científico, mesmo quando se coloca o problema de sua gratuidade. A estética testemunha, muito mais que o caos ou o azar, essa colisão entre a explicação daquilo que cada um de nós é capaz de experimentar (o belo, o feio, a harmonia, o ritmo, a emoção) e esse mistério da passagem do quantitativo ao qualitativo, da exterioridade à intimidade, do universal ao individual, do objetivo ao alucinado, ao mesmo tempo comunicável e não comunicável, sistema e fora de sistema. Estética que não é fé, adesão da alma, mística, mas participa ao mesmo tempo da razão e da não-razão, sem ser entretanto, "desrazão". "Antes de beber o bom vinho, ninguém provou o vinho, portanto, não sabe, não tem a mínima chance de sabê-lo jamais" diz Michel Serres, ressaltando assim o próprio ser do gosto, aquilo que separa o vivido, o sentido, mesmo se está culturalmente marcado, do raciocinado, analisado e formalizado. Mesmo o enólogo mais ilustre jamais poderá transformar ou contrariar o encontro de um dado homem com um dado vinho para organizá-lo dentro de um sistema de ordem, ainda que fosse um sistema aberto. Diferentemente de qualquer sistema, mesmo simbólico, um tal encontro testemunha prazer, emoção, instantâneo fulgurante, onde se entranham discurso e não-discurso, reconhecimento e descoberta única, primeira, recomeçada a cada vez. O que se poderia então dizer quando, enfim, a estética encontra a experiência interior, que se coloca a cada homem a questão da saúde ou de sua ausência, do azar e do fim de toda esperança, em suma, a questão entre nascimento e morte, do tempo vivido, do sentido, o medo louco, arcaico, animal, diante do não-sentido? Paradoxo obstinado sobre o vivido do seu tempo, ao mesmo tempo indizível e dizível em seu fórum interior, sempre permanecendo irredutível à sua própria, única experiência, incerta quanto ao sentido, sólida como a rocha quanto à sua existência.

Não é por falta de meios que o homem se choca com o extraordinário do homem: não somente ele se beneficia dos "progressos" das ciências chamadas exatas, como ainda criou, desde o fim do século XIX, as ciências do homem — sociologia, psicologia, psiquiatria, etnografia, etnologia, antropologia — nascidas da mesma vontade de canalizar aquilo que é humano para dentro dos sistemas de ordem, de cercar o inefável até o extremo. Esse mecanismo fica mais à vista na pesquisa lingüística, cada lingüista buscando a chave daquilo que ele é capaz de encontrar em si, que ele não pode traduzir, a não ser de maneira reducionista, em arranjos seqüenciais da linguagem, mais ou menos simbólicos. Estes explicam tudo, menos o essencial: o sucesso ou não de um poema, a emoção melódica ao escutar, a "saudade" romântica de um passeio ao lusco-fusco. Uma vez que esses meios se esgotam, mas que a questão do ser permanece, lancinante, não sob a forma filosófica de uma interrogação sobre o ser daquilo que é, mas sob a forma imediata e vivida do ser sensível, é o discurso interior, o que escapou para outras partes, a dúvida, o menino pequeno e seus contos de fadas, que voltam a galope, numa espécie de magma mais ou menos fundido, ritmado pelas idas e vindas, justaposições entre o instintivo e o discurso, o afetivo e o demonstrado. O não-dito volta a se transformar em utensílio que utiliza a arma da subjetividade — sem essa censura que o sujeito se impõe a partir do momento em que se encontra em atitude experimental — ao mesmo tempo organizando uma certa coabitação com o discurso da razão, mas em outro registro totalmente diferente, o de um confronto turbilhonesco, na desordem, no caos, na instabilidade. Às vezes, desse turbilhão vai emergir uma intuição fulgurante, à base de um novo progresso. O não-dito será então, mais uma vez, censura, de tanto que esse tumulto marcado pela iluminação aparece como sendo pouco respeitável e pouco rigoroso.

Em outras palavras, existem tendências acientíficas ou até anticientíficas em cada um de nós, mesmo o mais puro dos pesquisadores. Quando estas são místico-religiosas, há arranjo, compromisso amigável, na maioria das vezes. Isso cessa a partir do momento em que a racionalidade fica pouco à vontade por culpa do imaginário, quando o recalque retorna em massa, irredutível a um discurso organizador. Aí não pode mais haver dois discursos paralelos. Nenhuma pessoa pode mais, como Pasteur, fechar o oratório ao abrir o laboratório, e o inverso. Há choque irremediável entre duas verdades contraditórias, uma se proclamando na evidência, enquanto a outra faz triagem, controla, pesquisa incessantemente as provas, faz trincheira contra a angústia de morte, a angústia de ser vulnerável na ausência de um domínio racional do real, de um "arrazoado" do real, como diz Heidegger.

Então, a interrogação é permanente, o questionamento é lancinante, desses mecanismos obscuros, misteriosos, que criam, não o sonho, mas seu conteúdo, não a loucura, mas o tema do delírio, não o mecanismo simbólico da poesia, mas exatamente aquilo que, na música e no ritmo do verbo, escande a emoção intuitiva, o imediato de um outro sentido.

Não pode haver outra resposta senão admitir que o conteúdo do sonho, o tema do delírio, a escansão do poema, têm uma realidade em si, que procede de uma outra verdade tão verdadeira quanto aquela considerada como a *verdade,* na medida da experimentação ou do teorema. Discurso inaudível, escuta impossível, que no entanto se perpetuam, se ultrapassam, se buscam, se anulam, para recomeçar em outra parte, sem trégua nem repouso. É verdade que os cientistas explicam isto também, indo cada vez mais freqüentemente do formal ao informal, dos circuitos fechados aos circuitos mais abertos. Entretanto, não conseguem nos dizer, se dizer, por que tal indivíduo é poeta, até à morte, até ficar maluco por isso (não se fala dos autores "mal conhecidos"). E por que outros não são; por que fulano ama Lully; sicrano, Coltrane, os Beatles ou Lalo? A experiência do corpo humano, de seu desenvolvimento, ainda aí, não é redutível nem mesmo ao desenvolvimento da linguagem, na medida em que existe a individualidade do vivido, inclusive a partir da carne. É além do mais pela carne, a individualização do prazer, a superação da sexualidade com fim apenas reprodutor, a erotização permanente das relações, inclusive as relações de êxtase, que mais se marca a superação pelo homem, de uma maneira imprevisível, dos sistemas dentro dos quais se quer fechá-lo, mesmo se é possível resgatar para o grupo humano, visto de um modo global, conjuntos de elementos em relação codificada. Simplesmente, ao se definir o homem por esses conjuntos, não se sabe sempre de que se está falando, unindo-se a arrogância científica à do cientificismo positivista ou do "progressismo" antropológico do século XIX. Ela não pode senão contestar aquilo que habita o sensível, precede a linguagem enquanto organizador de sentido. Citemos ainda uma vez Michel Serres quando ele diz justamente: "A música sob a linguagem, universalmente sob as línguas, suporte físico e condição, reside sob o sentido e antes dele." O chato na ciência é que a música, a poesia ou a loucura não têm sentido e têm todos os sentidos, incluindo o do segredo e o do falso sentido, "número de sentido duplo, um claro onde está dito que o sentido está oculto" (Pascal). Poder-se-ia adiantar, como faz H. Atlan, que a "experiência sensível, enquanto acesso ao real pelas vias da sensação, não é racional em si mesma, pois isso quereria dizer que o real sensível é ele próprio racional, ilusão que a física moderna faz surgir". Ter-se-ia então apenas deslocado a questão: dizer que o sensível não é racional não traz um pingo de realidade ao sensível nem reduz a distância entre o vivido e o formalizado. Ao contrário, a distância só fica mais marcada, sem que por isso o sensível seja desqualificado, nem o racional fique livre da suspeita de ter ligação secreta com o sensível, em parte, de ser, em todo o caso, impróprio, para dissolvê-lo ou substituí-lo. É preciso muita sabedoria, conhecimento ou inocência para admitir que um quadro conceitual não é mais que um quadro conceitual, não constitui toda a "lógica do vivo", mas surge de uma concepção do mundo limitada por hipótese. Aí ainda se está arriscado a escorregar num mal-entendido que reaparece a todo instante: há uma diferença essencial entre aquele que admite a existência de quadros conceituais e os princípios de limitação como metodologia reducionista, mas não se desespera por abrir as portas do conhecimento dos mundos, e aquele que admite seus limites, a existência do não-explicável, de uma certa ausência de poder. Não é raro ver no mesmo indivíduo, e na mesma disciplina, essas posições coexistirem num debate interior, mais difícil na medida em que os "progressos" concretos, imediatos, ali estão para incitar ao sonho ou ao desvio.

Desvio que situa em profundidade um outro dos princípios do não-dito, o da ética; não o da ética de "massa" que marca o consenso numa dada etapa da história, para a comunidade, mas a ética secreta, oculta, íntima, que é a gota d'água de uma demonstração hesitante, de uma experiência não inteiramente conclusiva, de uma exposição de resultados um pouco truncada, movida pelo desejo de ser o primeiro, hoje agravado pela celebração dos meios de comunicação de massa. Na maior parte das vezes, não se trata de desonestidade, porém, pois se tem a íntima convicção de que se está com a verdade, de uma espécie pervertida do sentimento do dever.

Esse debate ético não é quase nada ao lado daquele, bem mais grave, que diz respeito ao poder do homem sobre o homem. O pai da bomba atômica, Oppenheimer, colocou cruamente os termos dessa questão ao suicidar-se no momento em que compreendeu sua responsabilidade para com a humanidade. Num menor grau, todo pesquisador se coloca (ou deveria se colocar) esse tipo de questões que hoje atingem dimensões loucas: citando apenas alguns exemplos, o futuro da humanidade está comprometido no plano individual pelas manipulações genéticas, as possibilidades de clonagem, os diferentes tipos de fecundação ou de enxerto entre espécies, as manipulações dos embriões ou ainda a utilização das substâncias alucinógenas, os estupefacientes modernos, sintéticos de segunda, terceira, quarta geração. Em outras palavras, a afirmação de que existem ciências puras ou de que a ciência não é boa nem má, não se segura, pois ninguém pode estar livre das responsabilidades daquilo que pare. Todo o mundo é capaz de medir o progresso realizado desde o tempo em que o homem estava sujeito ao caos da natureza, mas ninguém mais ignora o perigo vindouro de uma natureza sujeita ao caos do homem. A ciência desenraíza tudo, inclusive a linguagem (M. Serres), exceto a linguagem interior, refúgio individual da honra, da subjetividade, da verdade. O íntimo sabe mais do que o que fala: empanturrado de ciências (como é o caso da carne) no sentido real, assim como no sentido figurado, ele sabe ao mesmo tempo do medo, dos limites, do segredo dos mitos, da magia, dos brancos nas certezas. Ele sabe, acima de tudo, do orgulho do homem, seus limites, seu cinismo sôfrego, mas também de sua honestidade, sua moral, sua humildade. O íntimo tem um saber que não é o saber da ciência. Ele não ousa muito dizer aquilo que sente, seus medos: sobretudo, se se trata do íntimo de um pesquisador. M. Serres nos ensina que, por erro das ciências, as línguas se esgotam diante do papaguear e que a inteligência espantou os poetas. Sobra essa relação inefável da memória, da experiência de si, do menino pequeno, tesouro do não-dito. O não-dito é um contrapoder. Se as ciências apreenderam a verdadeira relação da linguagem com a realidade, no mesmo movimento elas reificaram, coisificaram, não deixando à emoção senão o enterramento do segredo (e do sagrado: daí o retorno do religioso). A partir desse momento, é à emoção, assim como à estética, isto é, àquilo que não se transforma em sistema, ordem e equilíbrio, que a ética pede suas armas. Não seria de surpreender encontrá-la diante de tantos poderes tão desarmada. Portanto, à exceção de alguns casos, não ocorre a ninguém colocar em questão a "pertinência" do impulso ético, mesmo quando ele parece se opor à "pertinência" do estabelecimento de sistemas científicos. Entre emoção e pertinência, arcaísmo e progresso, moral e sociedade, direito ao desvio e normatividade, há apenas pouco espaço para alegrias e serenidade dentro do debate interior de todo o mundo. O homem vive, sente, verifica em si a contradição, o contrário da lógica, recebe como evidência a indecisão, o que é contrário a uma teorização global. Se todo o mundo pode entrar em acordo em relação a uma metodologia reducionista, a um esquema modular reducionista para ter controle sobre o evento, todo o mundo tem de se confrontar com essa "coisa" tão pouco científica que é a imagem ideal do eu, para daí tirar as conseqüências, em especial éticas, cálculos ou códigos não podendo nunca substituir a carícia ou a auto-estima. É então que, como diz M. Serres: "Presentes, ausentes, as ciências se esquecem no sujeito que, agora, sabe." Esse saber íntimo muda a categoria do saber científico que deve compor com a memória da humanidade, render, mesmo à magia, a homenagem que lhe é devida, aprender a modéstia, o convívio, nuançar, enfim, as certezas da linguagem, talvez ultrapassar a filosofia das ciências para voltar à filosofia, acima de tudo pesar todas as suas responsabilidades em relação a outros homens.

Ora, sabemos que o saber científico se apóia num discurso de não-contradição e no princípio de causalidade; ele não é sequer capaz de vislumbrar um saber e um discurso diferentes, de modo que o outro é remetido a uma "realidade delirante ou onírica" (H. Atlan). Além do mais, as ciências atuais se colocam o compromisso de explicar o delírio ou o onirismo. O não-dito, sobretudo aquele da moral ou da ética, não pode ser considerado como delirante ou onírico, a memória do mundo é por demais potente para permitir isso. Daí que nos encontramos diante do fenômeno espantoso de uma certa clandestinidade de uma parte do real. Aquilo que existe, mas não consegue encontrar seu lugar dentro do discurso lógico, aparece como censurado, na melhor das hipóteses como inferior, remetido com desprezo à categoria de ciências sociais e humanas, que, todo o mundo sabe, apesar de sua luta apaixonada por reconhecimento, são tudo, menos científicas. Sem poder provar a impossibilidade da memória do mundo e da imagem ideal do eu, o outro não-dito, o da superioridade das ciências e dos cientistas, se organiza para reprimi-lo, negá-lo, inferiorizá-lo ou, muito mais sutilmente, recuperá-lo sob a forma de metodologias aplicadas ao campo social, com nomenclatura, explicações mais de acordo. Ainda que raramente formulada, existe uma tentação totalitária, disfarçada pela concepção totalizante, que impregna os sistemas de educação, de comunicação, de escolarização, e chegou a intoxicar a atividade filosófica, a concepção da história, a tal ponto que, quando o mito desmorona (em especial através da Aids), é toda uma sociedade que se vê sem defesas, transborda seu não-dito reprimido de pensamento mágico, de monstros, de mitos, de punição divina, de castigos contra a sexualidade "anormal", numa justaposição alucinatória do causal e do arcaico, que permite a ausência de "distância fria" (M. Serres) em relação à ciência, de laicização da relação com ela mantida.

Aí aparece um outro não-dito da ciência, essa atração, da ordem do sagrado e não do objetivo, que ela exerce sobre os homens, como se ela pensasse fora de nós, como se ela tivesse tomado o lugar do sujeito. Como um fetiche, um totem, a ciência existe em si e por si. A honestidade exigiria que se conviesse que as respostas novas que ela traz abram também novas questões ou uma outra maneira de questionar as antigas. Deve-se constatar, no entanto, que de fato o triunfalismo científico opera dentro da ordem de um novo sagrado, mesmo se seus fetiches são abstratos (apesar de que, na cibernética, os fetiches sejam cada vez menos abstratos!). Visto de um outro planeta, o atual entusiasmo pela informática, a relação com o objeto informático, com o jogo eletrônico, com o ídolo informatizado, inculcados às crianças, deve parecer com os ritos igualmente selvagens como aqueles que constituíam o objeto dos estudos de um Malinowski. O fascínio, ligado aos sucessos muito reais das ciências, não suporta espírito crítico. Criam-se templos mentais ou reais que ninguém deve tocar. O culto tem seus rituais: congressos, seminários, sociedades científicas, alguns dos quais vão ostensivamente além do objeto de suas disciplinas, como se seu saber específico lhes conferisse uma missão ou competências fora de seu domínio de pesquisas, no exato momento em que sua posição ética parece mal consolidada. Entretanto, por suas próprias funções, o homem de ciência só pode se colocar a questão do sujeito em relação aos paradigmas: de um lado, ele sabe, como diz H. Atlan, que "alguma coisa na realidade lhe permite deixar-se pôr em ordem"; isto é incontestável; de outro, sabe que existem coisas, intuições, sensações, escansões, acmes, iluminações, dos quais não é possível falar "verdadeiramente". Depende dele a mentira por omissão a fetichização, apesar de tudo, da ordem; então, ou a contradição não elimina o recurso ao sagrado ou ela se aceita no reconhecimento do não-reconhecível, do Eu enquanto senhor do mundo, mas, ao mesmo tempo, do Eu nadificado dentro da imensidão do mundo. É na intimidade do homem de ciência, em seu foro interior, que se pode realizar esse sacrifício da razão que permite à razão renascer, no reconhecimento dos múltiplos, do azar, do instável, dos fluxos, da feiúra, da beleza, do sofrimento e do prazer, assim como da angústia. O homem vive com seus sentidos, seus desejos, seu ódio, seu amor. Cada homem de ciência vive isso como o homem comum. Ele vive na desordem e é essa desordem que ele censura ao mesmo tempo em que convive com ela, como convive com a idéia que tem do bem e do mal: ética ou desejo a impregnam, como, em seu contrário, o gosto pelo poder, a megalomania, a onipotência. O solilóquio é rico nesse debate, ao qual se somam muitos outros não-ditos, como o da angústia, da identidade sexual, da feiúra, os quais, ainda que amortecidos não se podem absolutamente negligenciar, tendo incidência mais ou menos consciente sobre as posições científicas. Como diz H. Atlan, aquilo que se pode dizer está "nos silêncios, e o não-dito da fala, e nos brancos da Escritura"; quer dizer, aquilo que faz o homem, o sujeito não reificado, não coisificado. Dentro do não-dito não pode haver dissociação entre a observação "objetiva" e os múltiplos sentimentos ou sensações e a reflexão ética. Pois antes de ser efeito de uma reflexão científica e/ou filosófica de seu sujeito, a ética é um sentimento, uma impressão, do mesmo modo que um código; ela participa do imaginário individual como do imaginário social. Sabe-se que ela tem a ver com a lei do pai, a memória histórica fundadora dos mitos arquetípicos, o religioso. A ética é, aí e em outros pontos, imagem imposta e pulsão obrigatória, mesmo se sai do aprendizado. Quando se toma LSD, além da descoberta justaposta e colorida de mil mundos, a ética, a culpa, a punição ressurgem sempre, mais ou menos, do mesmo modo que o prazer encontra o gozo. Curioso encontro, aliás, esse de uma psicoquímica e de sentimentos que surgem da moral, que indica bem o mecanismo, os arcos da ponte, mas não explica o porquê dessa apreensão repentina, nem o conteúdo dessa experiência vinda de alhures. Tomar alucinógenos permite reconstituir ao vivo, sob forma de choque, aquilo que se exprime no não-dito, em velocidades completamente diferentes, em confrontos muito menos macroscópicos. Fazendo uma comparação, digamos que há duas formas de se atingir o pico do Mont Blanc: uma é ser ali depositado por um helicóptero (é o LSD), a outra é fazer a subida, dificuldade por dificuldade: é o debate do não-dito.

Todas as duas participam desse alhures que é o homem e o seu psiquismo.

O não-dito, aqui como em outros domínios que dizem respeito ao homem, vem de uma fenomenologia afetiva mais que de um pensamento científico ou, ao contrário, de um pensamento mágico. Ele é, temos repetido, mais debate incessante, instável, que afirmação congelada e fixa, ele é lúdico assim como sério, gozo ao mesmo tempo que conhecimento. A ciência não é redutível ao não-dito, mas o não-dito também não é redutível à ciência. O impedimento que é recusado pelos cientistas, mas aqui desmascarado, é a pretensão à *verdade,* e em nome dessa verdade, ao *poder,* deixando de lado a questão da ética, a qual não permite que se tome os desejos por realidades, e a da estética que, ao contrário, transforma o desejo em realidade. Daí que aquilo que é calado é aquilo que é obstáculo ao poder da ciência, isto é, a morte; não a morte da espécie ou de uma célula, mas a própria morte enquanto negação à onipotência do saber, sofrimento pungente, regressão ao medo mais arcaico, lá onde se está sempre só. Instante de verdade, na última instância, quando a língua ainda é a língua, ordem e símbolo, e já não é mais nada, nesse instante infinitesimal em que se vai saber e em que jamais se saberá se se soube, se não havia nada a se saber.

O NÃO-DITO DO NÃO-DITO

O não-dito só pode ser aproximação — desde que não haja uma conversa de surdos entre aquele que tenta desvendá-lo e o sujeito que fala de si a si mesmo — já que ele se interroga sobre o seu próprio não-dito, o põe à distância, dá-lhe sentido, forja um sistema de explicação formal, o remete ao discurso e portanto o reduz.

Fluxo, caos, atmosfera, não-formulado, evanescente, fumaça, bem como cristal. Aforismo, sonho mais ou menos desperto, debate, disputa, sistema e anti-sistema, o não-dito, reserva de sentido e de não-sentido ou recusa de sentido, permanece antes de tudo o balbucio que gagueja o desejo, a feiúra, o angelismo do homem com uma espontaneidade e uma atualidade que não pode ter o discurso dedicado ao outro. Existe um não-dito do não-dito, essa coisa, esse magma, que está no limite do formulado e do não-formulado, quando as imagens mal são imagens ainda ou deixam de sê-lo. Mas nada se compreenderia do não-dito se o observador, quase etnólogo, não insistisse na rapidez de seu desenrolar, nas quedas, turbulências, contradições, justaposições e mudanças de clima. A pesquisa antropológica permite, no confronto dos sistemas simbólicos, na análise dos mitos e suas ritualizações, uma aproximação do que ali acontece. Mais ainda, a experiência dos alucinógenos — ontem sagrada, hoje dessacralizada — mas que, apesar de tudo, fez crescer, como se aumentado por um microscópio, esse movimento contraditório do desnudamento e do segredo, esse encontro ao mesmo tempo fantasiado e realizado da morte, como do gozo, no mais profundo das fibras, células, moléculas da pele. Esse desnudamento sem pudor, ao mesmo tempo imaginário e realmente sentido das sexualidades que nós censuramos, exceto quando se as sublima através da literatura ou da obra de arte, ou pior, se as reduz através de uma pornografia miserável.

O medo social é tamanho que em todas as épocas reservou a iluminação e a amplificação do não-dito aos santos, xamãs, outros sacerdotes ou feiticeiros, fetiches que vivem pela delegação de poder sobre o não-dito, o qual, ao ser ritualizado, se exibe ao mesmo tempo em que se anula, privando o indivíduo da possibilidade única de se exprimir. Hoje, como os sacerdotes já não têm autoridade suficiente, é a lei que se protege por trás da saúde e o interesse da medicina para travar um combate vigoroso, de fato de ordem moral contra os alucinógenos e outros cogumelos sagrados. Sob o efeito desses produtos, ao mesmo tempo divinos e diabólicos, o homem poderia tudo viver e tudo se permitir, viver até à angústia a loucura mais completa no desenrolar mais insensato, viver Tudo, e particularmente o proibido, ao mesmo tempo, no mesmo movimento, ator e espectador. Os alucinógenos permitem que o não-dito do não-dito saia, emerja, numa seqüência semelhante ao cinema caleidoscópico, ao sonho acordado, a uma atmosfera fantástica. Eles ajudam numa espécie de catarse, que pode levar ou à loucura ou à cura terapêutica. E levam a outras partes. Não é por nada que, para designar essa experiência, se fala de "viagem", *"trip"*. Não é por nada que os índios Huichols fazem uma longa viagem através de vales ocultos, preparando por meio de mil e um rituais o desnudamento, o encontro do segredo com o sagrado, tanto o desnudamento dessas outras verdades pode ser traumatizante, tanto é verdade que se volta desse tipo de viagem, sagrada ou profana, transformado para sempre, diferente para sempre.

Não se dá o mesmo com o não-dito banal do homem comum, mas, a seu modo, ele desempenha o mesmo papel: o de um revelador mais afetivo do que lógico, mais desordenado que linear. É a intuição e o imaginário que se refletem numa metalinguagem ao mesmo tempo elaborada e inconsistente. No mesmo movimento ele aborda mitos e superstições que os nega totalmente, assim como funda uma adesão completa, aterrorizada ou prazerosa. O não-dito faz malabarismo com o espaço e o tempo, reconstitui *in loco* a infância, depois a desacredita como sendo contrária à verdade do "aqui e agora". Ele funda a ação e a vida do homem em sociedade, sempre pondo de reserva aquilo que não se enuncia, para justificar essa ou aquela conduta ou posição. Ele reabilita a restrição mental, a mentira por omissão, como a justifica por uma utilidade que é em primeiro lugar pessoal, mas pode ter uma ressonância ética de que poucos outros suspeitam, mais ainda na medida em que o combate entre Gog e Magog é muitas vezes permanente, ao mesmo tempo figurado, sentido e descrito ou argumentado. Imagem ou reflexo, o não-dito não tem pudor, assim como não tem piedade. Se a máscara da morte aparece na "descida" do LSD, sem que se possa botá-la para correr, ela aparece igualmente no sopro da angústia quando este invade o campo da consciência. A diferença é que não se o discute sob o efeito de alucinógenos, enquanto que, sem artifícios, o dito vem em socorro do não-dito. Estranho confidente a quem tudo se conta, que é juiz e parte envolvida, que, longe de ser neutro ou indiferente, é uma vida dentro da vida, feita de sangue, de suor, de lágrimas. Lá, onde não existe assepsia alguma protegendo dos micróbios do desejo e do ódio, nem da autodesaprovação ou do narcisismo excessivo. Confidente que não respeita nem código nem deontologia, mas que, entretanto, é suficientemente controlado ou autovigiado para filtrar em função da necessidade do instante o recalque. Mas, do mesmo modo, Grão-Senhor da ordenação da sexualidade, ciumento e invejoso quando a norma ou a morgue de um parceiro o humilha, ou o fere, ou ao contrário, pondo em funcionamento a sutil maquiagem que permite chegar a seus fins. O não-dito é um corretor pronto a tudo vender, assim como a tudo comprar, para o seu prazer, ao mesmo tempo em que lhe diz, sem disfarces, os seus medos e as suas timidezas insolúveis. Corretor que enfeita sua mercadoria, a conserta na ocasião, sofre a recusa para, bem ou mal, se acomodar a ela.

Também existe aí, de uma maneira muito sutil, um não-dito do não-dito que não é o recalque. Ele descarta, põe em segundo plano, minimiza esse ou aquele sujeito ou obstáculo, ou acelera o desenrolar de um filme interior, para passar a uma outra cena menos perturbadora. Trata-se de sutileza e de alquimia onde a regra é se dizer tudo, sempre o dizendo de uma certa forma que valoriza tal coisa em detrimento de uma outra, reforça o lado sentimental ou afetivo em vez da análise lógica ou faz exatamente o contrário. Quando ele é confrontado com o princípio científico de não-identidade ou ao da prova e da verificação, e isso não dá certo, então só conta a convicção íntima de que aquilo que se deseja ali, agora, é verdadeiro, seja qual for a negação da objetividade. Aquilo que poderia ser tido como explicativo é reexplicado a seu modo pelo não-dito, que remete ao mistério, ao indizível, à atmosfera, àquilo que ele julga como sendo "não bom" para o bem ou mal-estar do sujeito que se fala, lá, a ele mesmo. Assim como há debate entre o dito e o não-dito, existe o conflito entre o não-dito e seu próprio não-dito, entre aquilo que é possível viver (inclusive a angústia da morte), aquilo que não é, ou ainda não é, ou já não é mais.

O não-dito é, contraditoriamente, o tudo dizer, ao mesmo tempo em que ele é sempre selecionado. Nasce, aparentemente, fora de qualquer autocontrole, desenvolve-se à revelia de si mesmo, mas ao mesmo tempo, no mesmo movimento, existe um formidável aparelho de controle, de ordenação, de reassegurar, de temores seletivos. Sem dúvida, partes imensas desse teatro escapam, ainda que ao nível das atmosferas, à ordenação, e fazem o sujeito viver situações de prova, instantes de verdade que o colocam totalmente, profundamente, em questão. Sendo esta uma das principais razões de ser do não-dito, essa vitória de uma verdade íntima, afetiva, em relação à verdade social, ou ao discurso para o outro, ou ainda a escuta do discurso do outro, não se trata de negar sua existência relativamente livre ainda que condicionada, ao mesmo tempo, pelo inconsciente, a ontogenia e a categoria social. Entretanto, há um pouco de Tartufo nessa verdade inteiramente nua e o narcisismo sempre vem a ela, em socorro próprio: no ponto máximo de uma angústia, de um abandono, se desnuda um contraponto, ou um canto paralelo, que permite a volta da confiança, a possibilidade de continuar a viver. Se ele é imediato, instintivo, afetivo, o não-dito permanece sendo, no entanto, uma mediação aculturada, em benefício exclusivo do sujeito que fala a si mesmo, quando ele na verdade esperava a satisfação do abandono, conduzindo até a passagem ao ato do suicídio. A esse ponto, o não-dito do não-dito é, qualquer que seja a dor que pressupõe, ou mesmo o benefício que o sujeito tira dele. Pôde-se falar justificadamente de dor extasiante ou de gozo na infelicidade quando o ódio a si mesmo, de impossível, ousa tornar-se totalmente possível. O não-dito do não-dito permite um desejo de ódio de si que permanece, seja qual for o preço, assim mesmo um desejo, prova de vida, de possibilidade de opção que ocupa aí um lugar no mental de um homem, enquanto criação, por mais perversa que seja, de seu imaginário e do ideal do eu. Por mais escandaloso que isso possa parecer, é porque se trata de uma proteção aculturada, de uma espécie de jogo, no qual uma parte de si não consegue acreditar, que a passagem ao ato é, afinal de contas, possível.

A função do não-dito, além de seu componente masoquista, tem, no essencial, uma função de catarse. Ali onde o inconsciente reprime, o social exclui, a razão excomunga; ali onde há mistério e magia; ali, ainda, onde se constitui a exclusão e se pronuncia a maledição, o não-dito ocupa todo o seu lugar. Ele formula mil justificações, encontra abundantes razões para a perversão, para as transgressões, para não importa qual sexualidade. Seu fluxo descarta a moral, brinca com ela, a dispersa, a reconstitui de uma outra maneira, inventa a pulsão, sem dúvida irresistível, a valoriza de um modo tão evidente que quase não há mais mal nisso, um pouco como a propaganda do álcool chegaria a nos fazer crer que nada é mais sadio, mais viril ou mais rejuvenescedor que tal uísque ou tais cervejas, no entanto, infames. Ao descartar, ao minimizar aquilo que é perturbador, o sujeito elabora para seu uso pessoal um sistema auto-simbólico, com sua ritualização, que permite a outros valores adquirir uma validade que autoriza o homem a viver. Ao simbolismo da linguagem falada se confronta, se não se opõe, um outro mundo, um outro simbolismo, em algum lugar do não-formulado, no informal. O sujeito se persuade de que pode dar um outro preço às coisas da vida, aquele que está disposto a pagar por seu prazer ou para resistir ao impulso de morte.

O não-dito do não-dito é esse mecanismo que afasta aquilo que não permite que se tenha acesso à satisfação do desejo. Ele descarta aquilo que é descartável e sublima muitas outras coisas: raciocínios, eventos ou disposições afetivas elementares, transforma, no limite, o desejável em não-desejável. A arte sutil dessas transferências e transformações é dificilmente traduzível. Pode-se compreender a dificuldade de tal arte ao lembrar-se a parte importante consagrada por um discurso interior às obsessões, mas, igualmente, às fobias. Acontece (é o caso da expressão em sintomas das neuroses) de esses últimos submergirem o vivido e o campo da consciência do sujeito, de nada mais contar além do que o sujeito experimenta. Aí, o não-dito tenta timidamente limitar a submersão ou, ao contrário, se precipita nela com supremo deleite. Tudo depende do benefício que o sujeito espera disso pois às vezes é melhor viver verdadeiramente um sofrimento extasiante que ver um compromisso frouxo entre seu sintoma e seu desejo.

Pois o medo talvez seja o último recurso quando centenas de explicações já não bastam nem mesmo o desejo ou já não mais a pulsão. Acreditamos num certo número de coisas, mas a ética se opõe mal à pulsão, sobretudo ali onde se dissolvem as resistências sociais. Então, o medo de ser a própria vítima, animal acuado: medo de um castigo real ou divino; medo, enfim, de uma superstição, invade tudo num silêncio interior súbito e conduz o não-dito a zero, deixando todo o seu espaço ao não-dito animal.

Quando o sujeito é "apanhado" nesse medo que não conhece, que vem dos confins de sua ontogênese, ele lhe pertence inteiramente e perde esse espaço de liberdade íntima que é o não-dito. Diante de uma estocada de medo (que não é angústia), ele não é mais "eu", mas "objeto", não é mais origem, nem meta, abdica dos acessos de desejo, mesmo aqueles da morte. Ele está na morte que vai se dar a ele, animal apanhado na armadilha do inominável. O não-dito do não-dito é o íntimo conhecimento de que esse medo pode a qualquer momento submergir, varrer o verniz cultural, inclusive as sutis regras do jogo do inconsciente, de que não há mais critérios nem referências. O medo é terrível porque traz o silêncio, um silêncio sonoro sem harmonia alguma que pudesse remeter a uma ordem do mundo. Não há aí perfeição alguma, unidade alguma; uma solidão sem som que espera sem defesa uma sorte irremediável, lá onde o real mata o simbólico definitivamente.

Esse medo não se deve confundir com aquele que engendram os fetiches; é o da vítima expiatória dos incas, a quem, no minuto seguinte, o grande sacerdote vai abrir o tórax, para arrancar o coração que oferece ao Deus Sol. Mas é também o medo daqueles que assistem à oferenda do próprio grande sacerdote, que podem, num instante, tornar-se as próprias vítimas, e ele carrasco, descobrindo, assim, ao mesmo tempo o azar e o absurdo. Aqui, mesmo obedecer cegamente não vale de nada; só se pode oferecer o pescoço à faca do carrasco, a resignação não excluindo o medo. Não se trata somente do medo de morrer: para citar apenas um exemplo já usado em outro livro (*O destino do toxicômano*), nada faz cessar o medo do negro quando, sob o olhar do outro, ele sente que está voltando a ser escravo e, sobretudo, sente subir dentro dele a ambivalência terrível de o desejar também, masoquismo mais horrível que qualquer masoquismo sexual e que justifica tantas paranóias por coisas aparentemente minúsculas. O medo é o indizível, seja qual for o tipo de discurso, direcionado ao outro ou ao interior. São as palavras que fazem tanto mal que não se pode nem quer formulá-las, mesmo para si mesmo. Diante desse medo hipersonoro e inaudível, a própria escuta também se torna impossível, não pode sequer ser mediatizada. Para chegar o mais próximo possível dele, é preciso recorrer a temas tais como "arcaico", "das tripas", "visceral", "animal acuado".

Se o medo é inacessível, o mesmo não ocorre com a idéia de morte. O não-dito está pleno de morte, da própria, é claro, mas sobretudo da do outro, a começar pela dos pais. É possível dizer, com toda falta de pudor, da espera quase permanente da morte do outro, do olhar de si pousado sobre si, para vasculhar, analisar, dissecar as próprias reações à espreita da emergência da dor ou do gozo? Aquilo que acontece em torno da morte é, por excelência, lugar fechado, o mais íntimo para o não-dito (assim como para a falsa fala). Num outro texto indicávamos que essa tragédia-gozo tem uma implacável e inexplicável lógica: ela se aplica ao inconciliável, pois somente a morte do outro — mais ainda se se trata de um ser amado — permite verificar a própria sobrevivência. Essa morte do outro é a única festa dolorosa que, com pudor ou sem pudor, se oferece, desnudada, por si a si. Nos campos de concentração, é a morte do outro que, paradoxo abominável, permite que se volte a dar todo sentido próprio ao instinto de vida. Pode-se ousar dizer, com todas as contradições que há nisso, que a morte dos pais nos tira nosso último abrigo diante da própria morte, que assim, o luto que carregamos por eles, ao mesmo tempo em que nos faz voltar a ser criancinhas, não é um luto de amor? Esses lutos são as premissas aceitáveis e odiosas do luto que começamos a carregar em relação à nossa própria morte. Isto é na maior parte das vezes intolerável, mesmo para o discurso interior, mais ainda porque essas sensações, essas dores, essa alegria, não podem ser recalcadas. Então funciona uma espécie de bomba censuradora: o não-dito do não-dito, que mostra seu perfil, como um ator que se esconde por trás das cortinas, aquilo que se admite sem se dizer ao mesmo tempo em que se diz, no vapor delicado, num fulgor, um clarão de lucidez rapidamente interditado.

Assim se constitui, pouco a pouco, desde o primeiro grito, talvez até mesmo antes, a questão irremediável do sentido da vida, que leva a essa morte, acompanhando-nos todos os dias, todas as horas, todos os segundos. Sempre haverá homens a se revoltar contra o inexorável do Destino. Dessa revolta nasce Deus: o paradoxo está em que o homem cria Deus à sua imagem, como último recurso para escapar ao absurdo, ao azar, à sorte comum. Como dizia A. Cohen, a propósito do judaísmo, se os homens são capazes de criar Deus e a Bíblia, então, podemos crer nessas coisas. Mas é possível crer nelas quando Auschwitz, Maïdanek, Treblinka infligem ao povo de Deus o desmentido mais louco, mas o mais lógico, da ilusão do Sentido, da negação do absurdo? Questionando tudo isso, o homem pode enlouquecer (muitas vezes aliás enlouquece mesmo) se não delega a mediadores — padres, juízes, policiais, profetas — a função jamais dita de criar o sentido, de assinalar a lei.

O não-dito do nunca dito é o aspecto absurdo, reducionista, da delegação que, além disso, transforma-se com freqüência em grotesco, voltando-se num movimento perverso sobre si mesmo, para desprezar o sentido (policiais corruptos, juízes suspeitos, jurisdições ditatoriais, culto da personalidade, hierarcas, etc.)

Contra a loucura, contra a morte, o homem constrói muralhas para proteger seu espaço de vida. Pasolini nos mostrou até que extremo pode levar o desejo de salvar a instância que permite viver e quanto o gozo custa que custa, custe o que custar, é o extremo da vida que autoriza a sacrificar o outro para alcançar os próprios fins, considerados como objetivo supremo.

Já dissemos do papel dos alucinógenos na instância do sagrado e do segredo, mas assinalamos também o risco, no instante do desnudamento, do espelho se romper, na morte ou na loucura. Outros homens inventaram a dependência, que questionamos em outro texto (*O destino do toxicômano*). Mas o não-dito do não-dito da dependência está em casa aqui, no ódio de si que sente o toxicômano perseguido pela agulha do prazer; de um lado, por não o poder eternizar e por ter necessidade da falta para o reencontrar; e de outro lado, por saber, em algum lugar no fundo de si mesmo, que essa autorização que ele se dá só é possível porque ele não tem outra escolha: seja porque é o idiota da família ou porque sofre de desgraças físicas, freqüentemente genitais (reais ou fantasiadas), seja porque sofrimentos psicológicos intensos necessitam tanto de anestesia como de prazer. O toxicômano é um Arlequim que exibe muitos trajes, mas talvez nunca o certo.

Nos espaços assim protegidos aparecem as fissuras que desnudam, apesar dele, ao homem, a sua fragilidade: ele pode rezar, entregar-se à dependência, a todos os fetiches do mundo; ele não pode impedir de ser apanhado por aquilo que o segura e de que ele foge: do monólogo de Dom Juan, da intervenção do Comandante, da solidão de Moisés espreitando uma das faces de Deus. Aquilo que se chamou de alma não vive nem de pão nem de amores, mesmo se é alimentada por essa outra criação do homem que é a ética. O "vago na alma" não é senão a forma descorada dessa espera do sentido e dessa busca da imortalidade. Nos subterrâneos dos espaços se consuma, como debaixo do Arco do Triunfo, uma chama de crueza natural, de infelicidade que vagueia espreitando sua presa, silêncios sonoros, que marcam o tempo vivido.

Pois o tempo é uma das manias do não-dito: o espelho é nisso a sua instância, que se olha, dia após dia, que esculpe o rosto no ritmo do envelhecimento, surdo às nossas súplicas assim como a nossos disfarces. Toda a medicina tem apenas uma meta secreta: parar a marcha do tempo que passa, responder à súplica do poeta, adiar o prazo. O tempo é vivido, a vida se organiza para evitar que se pense demais nele. Quando se pensa nele, é para ritualizá-lo com o calendário de festas e aniversários. A modernidade inventa a terceira idade, depois a quarta, para evitar, contornar, a velhice, mas logo que a pessoa está por si, no íntimo: fotos, lembranças, estão ali, a cada instante de verdade, que constatam o que diz o espelho. Ninguém perde a memória do tempo passado, mesmo com o mal de Alzheimer, são as lembranças mais antigas que permanecem por mais tempo. A fala pode, com mil armas, cantar o gosto presente, os mil prazeres da idade adulta, da serenidade ou da experiência; o murmúrio interior, ele próprio, não come desse pão, a nostalgia sempre é o que ela era: lágrimas, suores, sem nenhuma santidade, sem muito consolo em cima daquilo que já foi, não será nunca mais. Nessas lágrimas, essa lenta tristeza, o Prêmio Nobel se une à criada, os pés e os pulsos ligados, dependentes do tempo e da hora que cada um tanto desperdiçou, enquanto que lá, nessa ou naquela revelação, não podemos senão chorar por não termos sido avaros. Harpagon usufruía melhor a vida, essa "raridade bem singular" (Michel Serres). Aquilo que circula permanentemente no interior de si é essa luta com o tempo: vivê-lo sem olhar, nem análise, é desperdiçá-lo, não usufruir em seu mais minúsculo espaço. Tentar fixá-lo, é vê-lo escapar, constatar impotente a ausência de qualquer poder sobre ele, não ser senão na memória, por demais economista da fruição ou de um total abandono de si. Não há meio justo, solução unívoca. No jogo (sempre cruel) do tempo que passa, o homem é perdedor, apesar de ter tentado tudo, do canibalismo à mais sofisticada das manipulações genéticas. Amanhã contradiz isso que eu acabo de escrever. Amanhã é a esperança do tempo que passa, qualquer coisa que dá confiança na memória. Ao verificar, passo a passo, que amanhã existe, o homem pode aparentar, na maior parte do tempo, que existe para ele uma espécie de imortalidade. Ele pode reforçar essa esperança através do jogo do poder, da potência, da homenagem prestada por outros homens que lhe são inferiores. As satisfações do corpo: alimentos, bebidas, sexo, aromas, músicas imobilizam o tempo, o estocam ali, como uma jangada no leito de um grande rio; a festa e o prazer fundam um instante de imortalidade. Mas a ruga diz o cadáver que se anuncia. Ela é a muda que pode falar. Ela faz a dúvida entrar na memória, barra o saber, a ciência. É verdade, a estética permite sutis sublimações: a morte não está sempre nos jardins onde crescem as rosas, o belo, a obra de arte, que abrem as portas de uma certa imortalidade. A língua perpetua a espécie, mas eu, sujeito, eu, esta é a minha ruga e meu sangue que anunciam para mim o fim da linguagem como o fim de toda alteridade. O não-dito do não-dito diante do espelho é a questão interminável: e se não existisse mistério? E se não existisse graça? Escrever ou falar custa caro, sobretudo se ousam o impudico, mas falar a si mesmo, exatamente disso, é impagável, sem contrapartida. Se isso aí se censura, se o homem quebra seus espelhos, restam-lhe seus sonhos e pesadelos: ainda que se sonhe ser um filho inconcebível, imortal, nunca nascido e portanto jamais sujeito a morrer, que seria si; ainda que às vezes se reencontre os langores e as inocências de infância, a linguagem (do sonho também), esta, no momento seguinte, faz a ceifeira levantar a foice e toda a memória que para ali verte, tornando-se, por sua vez, espelho saturado do pleno demais de uma história. Ela jamais voltará, nem em sonho, essa criança sem recordações, num tempo suspenso. Aprender a viver, ainda que com um discurso, fica sendo a evidente necessidade, a não ser suicidar-se.

O dito resgata o mais proximamente possível o inexorável, ocupa um pouco ou muito o lugar ausente, constrói uma imagem no lugar do espelho. Já que também o verbo morre para ceder espaço ao magma do discurso interior, para não lhe render a homenagem que retorna ao texto, à escansão, ao poema, à mímica e mesmo em suas transformações modernas, no formulado-não-formulado da ciência, ali onde a linguagem tradicional tende a morrer, ele inventa um futuro, um paraíso que, tal qual narcótico, pode dar a ilusão. A partir do momento em que existe, o verbo é vivo; Chateaubriand, Stendhal, Vishnu, talvez estejam tão vivos quanto estavam em sua encarnação. Eles ocupam um espaço que permite ao homem comum dizer a si mesmo: "por que não eu?", inventar para si um destino que vem ainda confortar os mitos, fetiches, religiões da memória coletiva do grupo. Aí portanto se insinua a interrogação: e os anencéfalos, surdos-mudos, para quem o verbo está ausente? Alguém já viu psicanálise de um anencéfalo? Longe dessa dúvida que não se pode excluir, o verbo inventa tudo o que está no seu poder. Ele inventa as metamorfoses de Krishna, assim como a ressurreição do Cristo, e se esta última é possível, constrói o Juízo final, o Paraíso futuro. Se há futuro, a obra da morte só pode ser transitória e haverá substituições. A memória do verbo, o verbo da memória, substituem o medo pela esperança insensata da ressurreição. Ninguém escapa a isso.

Afirmar a importância dessa ressurreição parcial é o significado do parto, isso que os inocentes do saber, as crianças, copiam quando imitam mamãe, botando um travesseiro na barriga. Ter filhos é a delegação de uma perpetuação impossível; amá-los "mais que a si" permite ao cordão umbilical simbólico manter um laço que alimentará até depois da morte. Não há gratuidade alguma no amor dos pais que reivindicam sempre seus filhos como uma parte deles mesmos. Quem são os filhos "ingratos", senão aqueles que mais ou menos recusam esse papel de propriedade não dita? Os pais querem receber a vida através dos filhos. Os filhos não têm preço, como a vida. A ferida da morte de um filho reintroduz o preço, o da não-perpetuação; o da morte sem prolongamento do genitor, brutalmente marcada de um súbito fim, líquido, sem recurso. Não há milhares de voltas na miséria do homem: o imprevisto só se inscreve entre o nascimento e a morte.

Quando o homem cessar de continuar em si, nessa obscuridade que começa, lobo mais que nunca solitário, tremendo como jamais tremeu, suplicando como jamais suplicou, já à meia morte, desarmado de todas as espertezas, de todas as loucuras, imaginando tudo e nada, sobretudo o impossível, acontecerá exatamente o impossível.

Homem, você só pode sentir horror diante desse longo silêncio que, no seu tremor pasmo de angústia, se torna, de repente, eterno.